汉 语 知 识 丛 书

成 语

刘洁修

商務印書館
创于1897 The Commercial Press

图书在版编目(CIP)数据

成语/刘洁修.—北京:商务印书馆,1985.6(2023.5重印)
(汉语知识丛书)
ISBN 978-7-100-03139-4

Ⅰ.①成… Ⅱ.①刘… Ⅲ.①汉语-成语-基本知识
Ⅳ.①H136.3

中国版本图书馆CIP数据核字(2000)第28482号

汉语知识丛书
CHÉNGYǓ
成　语
刘洁修

商务印书馆出版
(北京王府井大街36号　邮政编码100710)
商务印书馆发行
北京虎彩文化传播有限公司印刷
ISBN 978-7-100-03139-4

1985年6月第1版　　开本787×1092 1/32
2023年5月北京第4次印刷　　印张4 3/8

定价:38.00元

目　　录

第一章　成语的概念和范围

0.　什么是成语

吕叔湘先生在《漫谈语法研究》[①]一文的开头说："常常有人给我写信，或是当面问我：'我想研究语法，请问应该怎么着手？'这个问题可不好回答，这叫做'一部十七史从何处说起？'"这段话里头就用了一个成语：一部十七史从何处说起。

现在我们常说"二十四史"或"二十五史"，为什么这里非要说"十七史"呢？请看这个成语的出处：

（1）孛罗曰："汝谓有兴有废，且问盘古帝王至今日，几帝几王，一一为我言之。"天祥曰："一部十七史从何处说起？吾今日非应博学宏词科，何暇泛论！"（明·薛应旗《宋元通鉴》卷一二八）

原来这话出自南宋末年民族英雄文天祥之口。宋人以《史记》《汉书》《后汉书》《三国志》《晋书》《宋书》《南齐书》《梁书》《陈书》《魏书》《北齐书》《周书》《隋书》《南史》《北史》《新唐书》《新五代史》，合称"十七史"；文天祥是宋代人，那时只此十七史（当时《旧唐书》和《旧五代史》未列为正史），当然不可能有"二十一史""二十二史"的说法，更不会有"二十四史""二十五史"的说法。后来沿用文天祥的这句话，

① 见《中国语文》1978年第1期。

由于它是现成的，所以说它是成语。

近代中国资产阶级维新派政治家、思想家谭嗣同说过下面的话：

（2）夫不入虎穴，焉得虎子？不下十成死工夫，焉能办成一事？（《报贝元徵》,《谭嗣同全集》二一六页，中华书局，1981 年）

“不入虎穴，焉得虎子”本是班超说的话，见《后汉书》卷四十七。由于后人常常用它，久而久之，就被当作成语了；“不下十成死工夫，焉能办成一事”，在谭嗣同之前，我们不了解谁曾说过这样的话，后人又未广泛地使用，它还没有取得成语的资格。如果今后它一旦也像“不入虎穴，焉得虎子”一样流布开来，那末，它也有可能被人们承认为成语。

我们读书常常遇到一些词组，它的含义往往不能单从字面求得理解；这样的词组多半就是成语。例如：

（3）边文礼见袁奉高，失次序。奉高曰：“昔尧聘许由，面无怍色：先生何为颠倒衣裳？”文礼答曰：“明府初临，尧德未彰，是以贱民颠倒衣裳耳。”（《世说新语·言语》）

袁闳用了一个很古老的话“颠倒衣裳”来指责边让的“失次序”。“颠倒衣裳”最早见于：

（4）东方未明，颠倒衣裳；颠之倒之，自公召之。东方未晞，颠倒裳衣；倒之颠之，自公令之。（《诗经·齐风·东方未明》）

朱熹《集传》说：“此诗人刺其君兴居无节，号令不时。”可知原来“颠倒衣裳”也并不是单纯字面的意思；从原诗第二章作

“颠倒裳衣”可知“衣裳”非衣服，不读yī·shang，“裳”读作cháng，是古人穿的下衣，却又不是裤子；是一种裙，却又不同于现在的裙子。明乎此，可有助于正确理解其含义；明乎其源所自，可知袁闳和边让用的是现成古语。可见“颠倒衣裳”是个成语。

现在我们可以选择一种成语的定义了：“人们长期以来习用的、形式简洁而意思精辟的、定型的词组或短句。”[①]汉语成语是在中国滋生、繁衍，人们长期以来习用的定型词组或短句。说它是习用的，是就多数成语而言，其中有一些成语可能只在历史的某一个时期之内比较流行；说它是定型的，是就当代多数人趋向一致的习惯用法而言，并不因此而排除变异性和灵活性；说它是词组，是就其结构成分而言；说它是短句，是说成语中包括一部分简短的语句。

1. 成语的范围

1.1　二字成语。　由两个单音词组合而成，例如“推敲、鸡肋、烂柯、请缨、涂鸦、献芹、献曝”等。

目前流行的几本汉语成语词典，没有一本收录二字成语的，可能是认为两个字的都是词而不是成语罢，所以拒而不收。此为一极端。

可是，以前一些成语词典并不排斥二字成语。如张永逊编的《实用国文成语词典》（北平中华印书局印行，1937年）就收了“三省、汗颜、弄瓦、弄璋、向隅、矛盾、作俑、拾芥、垂青、棒喝、问津、绵薄、推毂、逐鹿、画荻、绝响、丝萝、鼓盆、厉阶、墨

① 《现代汉语词典》一三五页，商务印书馆，1978年。

守、齿冷、权舆、恋栈”等。即使标准从严，其中半数仍应看作成语，更何况有的也可衍为四字，如“向隅”可作“向隅而泣”，“矛盾”可作“自相矛盾”，“鼓盆”可作“鼓盆之戚”、“问津”可作“无人问津”或“不敢问津”，“墨守”可作“墨守成规”，“齿冷”可作“令人齿冷”。

二字成语的收录应该从严，不宜收得太滥。比如庄适编的《国文成语辞典》（商务印书馆，1916年初版）所收词条90%以上为复合词，包括联绵词在内，未免失之于滥。这又是一个极端。

下面举两个实例来说明二字成语何以是成语而不是词。

（5）[贾]岛赴举至京，骑驴赋诗。得“僧推月下门”之句，欲改“推”作“敲”，引手作推敲之势，未决。不觉冲大尹韩愈。乃具言。愈曰：“敲字佳矣。”（宋·计有功《唐诗纪事》卷四十；事并见蜀·何光远《鉴戒录》卷八、宋·胡仔《苕溪渔隐丛话前集》卷十九引《缃素杂记》、宋·魏庆之《诗人玉屑》卷十五）

（6）到门不敢题凡鸟，看竹何须问主人。（王维《春日与裴迪过新昌里访吕逸人不遇》，《全唐诗》卷一二八）

例（5）告诉我们“推敲”的语典出自唐代的贾岛。尽管东汉·许慎《说文解字》，在卷十二上手部有“推”字，在卷三下支部有“敲”字，但是两个字还没发生联系；只是到了唐朝中叶，贾岛吟诗要从“推”“敲”二字中选择一个，由于这样一个偶然的契机，“推敲”才得以应运而生。先是有这段故事，其后才有“推敲”这个词语进入汉语词汇，“斟酌字句，反复琢磨”的意思才含蓄在这个成语之中。“推敲”成文的用例，只能出现于晚唐以后，而我们能够举证的较早用例是：

（7）推敲诗益炼，骈俪语尤工。（宋·楼钥《攻愧集》卷十三《蒋慈谿鹗挽词》）

（8）剩喜此行诗有料，吟来浑不费推敲。（叶茵《次出郊韵》，《宋百家诗存·顺适堂吟稿》）

都是南宋人的诗作。两例的"推敲"虽可用含意近似的"斟酌"或"琢磨"替换，而韵味和形象性则远远不逮。由此可见，"推敲"是含有故实的成语，而"斟酌"和"琢磨"只是一般的复合词，二者并不相同。

例（6）王维的两句七言诗，各用了一个含有典故的成语，前一个是"题凡鸟"，后一个是"看竹"。如不明其出典，单从字面索解，就会"缘木而求鱼"。"题凡鸟"的典故出自晋·裴启《语林》，见于《太平广记》卷二三五；语又见《世说新语·简傲》。故事大意是：

（9）三国魏嵇康与吕安是知己朋友，每一想念，那怕相距千里，也要乘车赶去相会。有一次吕安来访，正碰上嵇康不在家，嵇康的哥哥嵇喜就出来接待。吕安连门也不进，只在门上题了一个"凤"字，转身就走了。嵇喜看见是个"凤"字，心里很高兴，以为是吕安夸奖自己。其实这是讽刺他，说他不过是个"凡鸟"。因为"凡鸟"合书就成"凤"字。

王维用这个典故，意在称赞吕逸人的家里人都不俗气，故说"不敢题凡鸟"。"题凡鸟"本应作"题凤"，是暗喻，因在七言诗里牵就字数而改为明喻。如以三个字的"题凡鸟"为成语，那末，连类而及"题凤"自然也只能是成语，而不得视为词了。

“看竹”的典故也出于《世说新语·简傲》，故事大意是：

（10）晋朝王徽之，字子猷，有一次外出到吴中，见一士大夫家庭院里种着极好的竹子，想去观赏。主人得知王徽之要来的消息，洒扫布置，在客厅等候，以便招待。可是，王徽之不理会主人的盛情，乘轿径直看竹子去了。在竹下徘徊吟啸良久，然后就要离去。主人觉得很难堪，让家人把门关上，不准王徽之离开。王徽之倒挺欣赏主人的这个做法，就留下来接受款待，尽欢而去。

王维用“看竹”这个典故，寓意未遇主人吕逸人，而名士超俗绝群，不拘礼法，如能达到王徽之那样借竹抒怀的目的，也就不虚此行。如不明“看竹”之典，只就字面来解释，岂不索然寡味！由此看来，“看竹”在这里只能是含有典故的成语，普通的语词是没有这种形象化的丰富内容的。前人注解王维诗，已经指出这是两个典故，并且注明了出处。

1.2　三字成语。　可以分成三类：

a 类　闭门羹　莫须有　破天荒　想当然　鸟兽散　下马威　掉书袋　半瓶醋　刮地皮　耳边风　护身符　无底洞　眼中钉　肉中刺　恶作剧　鬼画符　敲门砖　安乐窝　温柔乡　捋虎须　半面妆……

b 类　口头禅　露马脚　摇钱树　聚宝盆　门外汉　绊脚石　灌米汤　泼冷水　敲边鼓　落汤鸡　碰钉子　座右铭

c 类　翘尾巴　拦路虎　二百五　二把刀　出风头　放大炮　钻空子　打前站

a 类前头的六个有些词典都作成语收了；后面的十多个则或收或不收。这一类都可算地道成语，或有典故，或出处较早，跟一般语词是迥然不同的。

b 类没有典故，也不易寻到较早的出处，但形象鲜明，有比喻或引申的意思，有的也能够从中古或近古找到例证。

c 类大致跟b 类差不多，有的接近于字面的意思，如不能征引到例证，宁可从严对待，不必看作成语。

a、b 两类中多有可以衍为四字者，如：鸟兽散 ——→ 如鸟兽散　露马脚 ——→ 露出马脚；几乎大半都可添一“之”字，如：护身之符、肉中之刺、摇钱之树等。现以“摇钱之树”为例：

（11）只是你的娘，把你当个摇钱之树，等闲也不轻放你出去。（《醒世恒言》第三卷《卖油郎独占花魁》）

试与带“之”字的一些成语相比较：无价之宝、一字之师、一家之言、一念之差……其中的虚助字“之”都可去掉，而变为“无价宝、一字师、一家言、一念差……”这些与“摇钱树”属于同一类型。

1.3　四字成语和四字格。

1.3.1　四字成语占绝对多数。　汉语成语几乎 90% 以上都是四个字的，这跟汉语词汇的构造规律、声调规则以及传统的诗文形式密切相关。我国最早的一部诗歌总集《诗经》，绝大部分是四言句，直接从《诗经》中取来用作成语的就有：

桃之夭夭[①]（《周南·桃夭》）　赳赳武夫（《周南·兔罝》）　忧心忡忡（《召南·草虫》；《小雅·出车》）　实获我心（《邶风·绿衣》）　惠

① “逃之夭夭”，“桃”、“逃”同音，借用作逃跑的意思，是诙谐的说法。

然肯来(《邶风·终风》)　宴尔新昏(《邶风·谷风》)　信誓旦旦(《卫风·氓》)　颠倒衣裳(《齐风·东方未明》)　硕大无朋(《唐风·椒聊》)　今夕何夕(《唐风·绸缪》)　百堵皆作(《小雅·鸿雁》;《大雅·绵》"作"作"兴")　他山之石(《小雅·鹤鸣》)　伊于胡底(《小雅·小旻》)　为鬼为蜮(《小雅·何人》)　投畀豺虎(《小雅·巷伯》)　不稂不莠(《小雅·大田》)　绰绰有裕(《小雅·角弓》)　无声无臭(《大雅·文王》)　天作之合(《大雅·大明》)　绳其祖武(《大雅·下武》)　率由旧章(《大雅·假乐》)　挹彼注兹(《大雅·洞酌》)　不可救药(《大雅·板》)　俾昼作夜(《大雅·荡》)　进退维谷(《大雅·桑柔》)　兢兢业业(《大雅·云汉》)　爱莫助之(《大雅·烝民》)　小心翼翼(《大雅·大明》;《大雅·烝民》)　不畏强御(《大雅·烝民》)　高高在上(《周颂·敬之》)　日就月将(同上)　遵养时晦(《周颂·酌》)

此外,截取为四字成语的还有:

雀角鼠牙(《召南·行露》)　切磋琢磨(《卫风·淇奥》)　遇人不淑(《王风·中谷有蓷》)　一日三秋(《王风·采葛》)　蒹葭伊人(《秦风·蒹葭》)　百身莫赎(《秦风·黄鸟》)　未雨绸缪(《豳风·鸱鸮》)　风雨漂摇(同上)　天高地厚(《小雅·正月》)　筑室道谋(《小雅·小

旻》）　暴虎冯河（同上）　临深履薄（同上）　高山景行（《小雅·车舝》）　鸢飞鱼跃（《大雅·旱麓》）　蜩螗沸羹（《大雅·荡》）　投桃报李（《大雅·抑》）　耳提面命（同上）　明哲保身（《大雅·烝民》）　吐刚茹柔（同上）

仅从《诗经》一书中就摘出比较通用的成语五十多个，全都是四字的，即此一端，亦可见汉语成语以四字为主体，由来已久，难怪近来的汉语成语词典几乎95%以上的条目是四字成语，甚至有的千篇一律全是四字成语。

1.3.2　由两个复合词拼合而成。　可分为两类：

a　类　光怪陆离　穿凿傅会　蚕食鲸吞　同仇敌忾　土崩瓦解　冰消瓦解　分崩离析　洪水猛兽　扑朔迷离

b　类　艰苦奋斗　艰苦朴素　艰苦卓绝　艰难曲折　卑鄙龌龊　骄傲自满　简明扼要　光辉灿烂　自由放任

a类是成语，b类是四字格。这是因为：1）从形式看，前者比较密合，好像浑然一体；后者比较松散，容易看成是两个词拼成的。2）从意义上看，前者脱离了字面的意思，产生了统一的概念，或者有了比喻义；后者只是两个词义的相加，仍然保留着各自字面的意思。3）从源流上看，前者或同出一源，如“土崩瓦解、分崩离析、洪水猛兽、扑朔迷离”，或者异源而有共性，如“光怪陆离、穿凿傅会、蚕食鲸吞、同仇敌忾”；而且四字成文的例证出现也比较早；后者多是现代或近代才出现的拼合两个含义密切相关的复合词所构成。

1.3.3 由四个单音词组合而成。也可分成两类:

a 类 悲欢离合 骄奢淫佚 风花雪月 轻重缓急 起承转合 生杀予夺 生死存亡 嬉笑怒骂 布帛菽粟

b 类 古今中外 琴棋书画 吹弹歌舞 福禄寿夭 刀枪剑戟 生老病死 酸甜苦辣 纸墨笔砚

a 类是成语，b 类是四字格。主要区别在于: a 类已不是各个单音词义的总和,而是有了一个概括的含义,其出处来源都比较早; b 类虽也可有概括义,但字面上各个单词义仍占主导地位,无须借助例证即可明义,其来源出处不像a 类那样明确。

1.3.4 重叠式。可分为三类:

a 类 口口声声 期期艾艾 三三两两 唯唯诺诺 熙熙攘攘 心心念念 形形色色 元元(原原)本本 林林总总 鱼鱼雅雅 踽(jǔ)踽凉凉 洋洋洒洒 兢兢业业 战战兢兢

b 类 勤勤恳恳 偷偷摸摸 鬼鬼祟祟 拉拉扯扯 花花搭搭 花花绿绿 大大咧咧 日日夜夜

c 类 鼓鼓囊囊 吹吹打打 老老实实 踏踏实实 里里外外 前前后后 热热闹闹 世世代代 絮絮叨叨

a 类是成语，b 类介乎成语、俗语或四字格之间，c 类是复合词的重叠用法。c 类不属于成语,这里不去讨论。问题在于a、b 类的区分。从结构和含义上分析，a 类大都是“××+××”的格式,例如“口口声声”“期期艾艾”是“口口”+“声声”“期期”+“艾艾”,而不是“口声”“期艾”的重叠式。“兢兢业业”有时可作“兢业”，而“口口声声”“原原本本”虽可作“口声”“原本”，但两者的意思截然不同，显然前者并非后者的重叠用法。b类情形比较复杂，如“花花绿绿、大大咧咧”，只有重叠式，没有“花绿”“大咧”的所谓原式；如“勤勤恳恳”和“勤恳”，“鬼鬼祟祟”和“鬼祟”的意思大不相同；如“拉拉扯扯”和“拉扯”，“日日夜夜”和“日夜”在概念上就很不一样；有的必须带语尾助词，如“花花搭搭”作搭配解时，一般不能只说“花搭”，而必须说成“花搭着”。由于b类具有这些特点，就更易于看作成语。但是，从来源上考察，除了“勤勤恳恳”在西汉就已通用外，其余的出现都比较晚，有的即使在近代书面上亦难于找到用例。

1.3.5　由五、七字紧缩或省略而成。

有些成语来源于古诗文，而古诗多五、七言，受习惯势力的影响，原来的五、七字句往往经过紧缩或省略而成为四字句，例如：

疾风知劲草 ——→ 疾风劲草

擒贼先擒王 ——→ 擒贼擒王

依样画葫芦 ——→ 依样葫芦

侯门深似海 ——→ 侯门似海

一身而二任 ——→ 一身两役

一言以蔽之 ——→ 蔽以一言

以上是五字缩略为四字之例。前四例是舍掉中间的动词或形容词，并不影响原意的表达；后二例一是改换同义的字，一是颠倒语序，而原意依旧。

近水楼台先得月 ——→ 近水楼台

画虎不成反类狗 ——→ 画虎类狗

解铃还须系铃人 ——→ 解铃系铃

曾经沧海难为水 ——→ 曾经沧海

满城风雨近重阳 ——→ 满城风雨

以上是七字缩略或截取为四字之例。头一例是舍掉末尾三字，情形近似歇后，而意思仍跟原句一致，并与原句并存使用；中间二例是去掉次要的字眼而原意不受影响，并能跟原句一样单独使用；后二例仅是取前面的四字，意思虽与原句相关，却又脱离了原句而独立成义。

1.3.6　由六、八字紧缩而成。

六、八字的多指复句成语，六字的间有单句；在数量上六字的远不及八字的为多。例如：

郎不郎，秀不秀 ——→ 不郎不秀

驴非驴，马非马 ——→ 非驴非马

彼一时，此一时 ——→ 彼此一时

少所见，多所怪 ——→ 少见多怪

亲者痛，仇者快 ——→ 亲痛仇快

割鸡焉用牛刀 ——→ 牛刀割鸡

鞭长不及马腹 ——→ 鞭长莫及

“郎不郎，秀不秀”与“不稂不莠”来源不同。前者语见明·董谷《碧里杂存》卷上《沈万三秀》，谓为谚语；后者语出《诗经·小雅·大田》。“郎不郎，秀不秀”可以变作“不郎不秀”，同样，“不稂不莠”亦可变作“稂不稂，莠不莠”。例如：

（12）若是白面郎君，好看不中吃，要他何用？稂不稂，莠不莠，日后反要苦害儿女。（明·周清源《西湖二集》

十六卷《月下老错配本属前缘》）

有的短句缩略为四字句之后，四字型往往“反客为主”，原来的语型反倒退居次要地位，如“非驴非马”、“少见多怪”即其例；有的只是少数人偶尔省略，习惯的用法仍是原型，如“彼一时，此一时”的省略：

（13）昔赵卿穷愁，肆言得失；汉臣郁志，广叙盛衰。彼此一时，拟非其匹。（《梁书》卷三十三《刘孝绰传》）

“彼此一时”就远不及原型“彼一时，此一时”用得普遍。此外，有的改变为四字后，含义也随之略变，如：

（14）夫解小而引大，了浅而伸深，犹以牛刀割鸡，长殳刈茅。（晋·杨泉《物理论》，见《太平御览》卷九八〇）

原型“割鸡焉用牛刀”是比喻做小事情不值得用大力气，而缩略型的“牛刀割鸡”则用来比喻大材小用。

八字的复句成语紧缩为四字的较多，例如：

仁者见仁，智者见智 ⟶ 见仁见智

一犬吠形，百犬吠声 ⟶ 吠形吠声

智者千虑，必有一得 ⟶ 千虑一得

星星之火，可以燎原 ⟶ 星火燎原

同声相应，同气相求 ⟶ 声应气求

十目所视，十手所指 ⟶ 十目十手

百尺竿头，更进一步 ⟶ 竿头进步

差之毫厘，谬以千里 ⟶ 毫厘千里

千里之堤，溃于蚁穴 ⟶ 堤溃蚁穴

近朱者赤，近墨者黑 ⟶ 近朱近墨

前五例现在多用省略型，后五例现在仍多用原型。

1.3.7 关于四字格。 所谓“四字格”，大体说来，是指不包含典故的，没有比喻义、引申义的，一般从字面即可理解其含义的四字语言形式。除了前面用来跟某类成语相比较的例子外，再举一些例子来剖析：

爱憎分明 不骄不躁 步调一致 千仇万恨 千难万险 坚持不懈 恪守不渝 忠贞不渝 确凿不移 土豪劣绅

这些都不宜看作成语，因为它们字面的意思显而易见。以“爱憎分明”与“黑白分明”相比较，前者是四字格，后者则是成语。“黑白分明”有比喻义，其源可溯至汉代；“爱憎分明”只有字面上的意思，懂得“爱”“憎”和“分明”，四个字连在一起是什么意思也就明白了。二者显然不同。

有一些由两个复合词交叉而成的“四字格”，最容易被看作成语，如“奇异、奇怪”拆开用作状语，就可以组合成许多的“四字格”：

奇才异能 奇花异草 奇葩异卉 奇谋异略 奇情异致（采） 奇书异籍 奇闻异见 奇形异貌（势） 奇装异服 奇珍异宝 奇形怪状 奇谈怪论 奇言怪语……

这一类的“四字格”，有的出现的时代比较早，如“奇言怪语”见于《汉书·东方朔传赞》，“奇形异势”见于《水经注》卷三十四。单从穷源竟委的角度来定取舍，这一类的“四字格”也不无收录价值；如从构成成语的角度来衡量，这一类的“四字格”恐怕未必都值得收录。但是，具体情况需要具体分析。比如，我们在茅盾的《白杨礼赞》一文中看到“潜滋暗长”，有可能以为这是茅盾所自创的，又因其结构与“奇×异×”相同，因此也就有可能视为“四字格”。其实，此语早在明、清就已有人在用了。

（15）然于旧知之中，又能引伸触类，潜滋暗长，故曰知新。
（明·何良俊《四友斋丛说·经四》第三十六页，中华书局，1959年）

可知茅盾用“潜滋暗长”，非其首创，而是用的现成话，从这个角度来看，把“潜滋暗长”当作成语亦未始不可。

1.4 短句及复句成语。 从形式上可划分为三类：1）五至十字（或十字以上）成为一个单独语句者；2）六、八、十、十二、十四字分成上下两片而字数相等者；3）上下两片字数不相等者。

1.4.1 五字例：

小巫见大巫　依样画葫芦　（以上成语）｜版版六十四　平地一声雷　树倒猢狲散　疑心生暗鬼　一鼻孔出气　坐山观虎斗　（以上俗语当作成语）

1.4.2 六字例：

一蟹不如一蟹　五十步笑百步　风马牛不相及　水至清则无鱼　迅（疾）雷不及掩耳　可望而不可即　远水不救近火　（以上成语）｜驴唇不对马嘴　井水不犯河水　（以上俗语当作成语）

——以上为单句

彼一时，此一时　一不做，二不休　（以上成语）｜当面锣，对面鼓　高不成，低不就　雷声大，雨点小　前怕狼，后怕虎　（以上俗语当作成语）

——以上为复句

1.4.3　七字例：

覆巢之下无完卵　牵一发而动全身　行百里者半九十　英雄无用武之地　一失足成千古恨　醉翁之意不在酒　赔了夫人又折兵（以上成语）上梁不正下梁歪　初生之犊不怕虎（以上俗语当作成语）

1.4.4　八字例：

不识人间有羞耻事　燕雀安知鸿鹄之志

——以上单句

城门失火，殃及池鱼　兼听则明，偏信则暗

失之东隅，收之桑榆　千里之行，始于足下

三十六策，走为上策　一波未平，一波又起

庆父不死，鲁难未已　运用之妙，存乎一心

项庄舞剑，意在沛公　金玉其外，败絮其中

欲加之罪，何患无辞　螳螂捕蝉，黄雀在后

鹬蚌相持，渔翁得利　头痛医头，脚痛医脚

道高一尺，魔高一丈　放下屠刀，立地成佛

宁为鸡口，无为牛后　宁为玉碎，不为瓦全

（以上成语）前门拒虎，后门进狼（以上俗语当作成语）

——以上复句

1.4.5　九字例：

搬起石头打自己的脚　做一天和尚撞一天钟（以上俗语当作成语）

1.4.6　十字例：

有所不为而后可以有为（原作“人有不为也，而后可以有为”）

——以上单句

天下本无事，庸人自扰之　以小人之心，度君子之腹（以上成语）｜留得青山在，不怕没柴烧　路遥知马力，事（日）久见人心（以上俗语当作成语）

——以上复句

1.4.7　十二、十四字复句例：

只许州官放火，不许百姓点灯

即以其人之道，还治其人之身

——以上十二字成语

踏破铁鞋无觅处，得来全不费工夫

沉舟侧畔千帆过，病树前头万木春

无可奈何花落去，似曾相识燕归来

——以上十四字诗句

各人自扫门前雪，不管他人瓦上霜

又要马儿跑得好，又要马儿不吃草

——以上十四字谚语、俗语

1.4.8　上下片字数不相等之例：

卧榻之侧，岂容他人鼾睡

司马昭之心，路人皆知

明察秋毫之末，而不见舆薪（以上成语）

冰冻三尺，非一日之寒

牡丹（荷花）虽好，全仗（也须）绿叶扶持（以上俗语）

1.4.9　短句成语的复杂性。　属于短句的成语往往跟古语、谚语，俗语、格言以及五、七言诗词句等纠缠在一起，情况十分复杂，其界限很难划分，语言学界至今也没有统一的认识。上面举的一些例子，就有这种情形，愈是字数多的语句，愈是模棱两可，如八字的单句成语就极少；九字的几乎没有，举的两个例子认真说应该属于俗语；十字的单句的勉强举了一个充数，复句的也仅举出两个，另两个其实也是俗语；十二字的复句也是绝无而仅有，举的两个还可算正经成语；十四字的复句多是七言诗句。把这类诗句当作成语来看，由来已久。赵翼在《陔余丛考》卷四十三《成语》条中就首先引宋代洪迈说："世俗称引成语，往往习用为常，反不知其所自出，如'公道世间惟白发，贵人头上不曾饶'，杜牧诗也；'因过竹院逢僧话，又得浮生半日闲'，李涉诗也；'今朝有酒今朝醉，明日愁来明日愁'、'采得百花成蜜后，不知辛苦为谁甜'，罗隐诗也，'依稀似曲才堪听，又被风吹别调中'，高骈诗也。"然后列举了二百条，单是五、七言诗句就有五十条。这种看法未免宽泛，唐宋诗词中名句、警句多得很，美不胜收，都当作成语来对待，是不适宜的。

1.5　成语与俗语的关系。

在上一节里已经涉及俗语，例证中有一部分其实就是俗语。这说明成语与俗语并没有严格的界限。但是，这也只是就少数俗语而言，大多数的俗语，尤其是那些方言俗语，都不应看作成语。

1.5.1　有些成语脱胎于俗语。

例之一：敝帚千金（敝帚自珍）——家有敝帚，享之千金

"家有敝帚，享之千金"见于《东观汉记》卷一《光武帝纪》，三国魏·曹丕在《典论论文》（见《文选》卷五十二）中引用此语

时，前面冠以“里语曰”；“里语”就是当地居民说的话，也即“俗语”。可知“家有敝帚，享之千金”本是一句俗语，后来人们把它紧缩为“敝帚千金”，同时，又取“享之千金”的意思改为“自珍”，于是，一个俗语就演变成了两个近义的成语。

例之二：无米之炊←——巧媳妇做不得无面馎饦（“馎饦”也写作“馎饦”，音 bó tuō）

“巧媳妇做不得无面馎饦”这个俗语在宋代就用得很普遍了，文字上多有变化，例如：

（16）巧妇莫为无面饼，谁能留渴须远井。（陈师道《送杜侍御纯陕西转运》，见《后山诗注》卷二）

（17）谚有“巧媳妇做不得没面馎饦”与“远井不救近渴”之语，陈无已用以为诗云……遂不知为俗语。（庄季裕《鸡肋编》卷中）

（18）今日之事，不问智愚，不拘中外，同然一辞，皆曰：“巧妇不能为无面饼。”（袁甫《蒙斋集》卷四《戊戌风变拟应诏封事》）

（19）富家之积蓄皆尽矣，若今更不雨，恐巧新妇做不得无面馎饦。（陈亮《龙川集》卷二十《壬寅夏答朱元晦秘书》）

（20）官府只顾催征上供，顾不得民穷财尽。常言：“巧媳妇煮不得没米粥”，百姓既没有钱粮交纳，又被官府鞭笞逼勒，禁受不过，三三两两逃入山间，相聚为盗。（《京本通俗小说》卷十六《冯玉梅团圆》）

例（16）七字，例（18）八字，例（20）九字，例（17）（19）十字，可见俗语的字数和用字变化都很大。从俗语“巧媳妇做不得无面馎饦”脱胎衍变为“无米之炊”，应该有一个过渡形式，这个过渡形式就是截取俗语的后半段“无面馎饦”，例如：

（21）诸方到处，只解抱不哭孩儿：好汉出来，须会打无面馎饦。（陆游《渭南文集》卷二十四《雍熙请机老疏》）

这之后才出现了“无米之炊”的用例：

（22）目前补苴尚不免捉衿之苦；大工继起，岂能为无米之炊？（明·徐光启《拟缓举三殿及朝门工程疏》，见《集》卷一）

（23）赔无可赔，挪无可挪，实有难为无米之炊者。（清·陆陇其《三鱼堂文集》卷七《上真定焦军厅》）

（24）卑职在县，以白手作无米之炊，典衣鬻物，勉强苦撑。（清·蒲松龄《聊斋文集》卷五《二月念四日上布政司书》）

可见，到了明清两代才比较多用“无米之炊”这个成语，亦可证“无米之炊”是由“巧媳妇做不得无面馎饦”衍变而来。

1.5.2　含有典故的俗语可以看作成语。

例之一：有智无智，隔三十里。

如不明故实，何谓“隔三十里”，就会百思而不得其解。原来这个俗语包含着一个故事：

（25）杨修字德祖，魏初弘农华阴人也，为曹操主簿。曹公至江南，读《曹娥碑》文，背上别有八字，其辞云：“黄绢幼妇，外孙蒜臼”。曹公见之不解，而谓德祖：“卿知之不？”德祖曰：“知之。”曹公曰：“卿且勿言，待我思之。”行三十里，曹公始得，令（德）祖先说。（德）祖曰：“黄绢，色丝，‘绝’字也；幼妇，少女，

‘妙’字也；外孙，女子，‘好’字也；蒜臼，受辛，‘辤’字也。谓‘绝妙好辤’。”曹公笑曰：“实如孤意。”俗云：有智无智，隔三十里。此之谓也。（晋·裴启《语林》，见《琱玉集》卷十二）

这个故事亦载《世说新语·捷悟》，却无此俗语。其末句作：“（曹操）乃叹曰：‘我才不及卿，乃觉三十里。’”意思是曹操自谓才思赶不上杨修，走了三十里路这才明白过来。而裴启的《语林》明确指出“有智无智，隔三十里”是当时的一句俗语；《裴子语林》原书已佚，这样一个很有意义的俗语，有赖于《琱玉集》，才得以保存下来。

例之二：顶缸

这个俗语常见于明、清两代小说、戏曲中，如《醒世恒言》第十六卷，《初刻拍案惊奇》第三十六卷，《二刻拍案惊奇》第三十九卷，《金瓶梅词话》第八、第四十六回，《红楼梦》第六十一回都用了它。《何典》第一回夹缠二先生评用作“顶扛”，其“扛”字当是“杠（槓）”之讹。清·章大来《后甲集》卷下：“俗言强出头曰顶缸……缸，今呼作‘槓’。”可证。《醒世恒言》之校注者释为：“含有顶替，顶缺；代人受过等义。”[①] 按，《醒世恒言·陆五汉硬留合色鞋》所用的“顶缸”是“代人受过”义，是不能解作“顶缺”的。来源不同的两种含义，不容混淆。“代人受过”的“顶缸”是有典故的：

（26）金陵上清河一带善崩。太祖（朱元璋）患之。皆日猪婆龙窟其下，故尔。工部欲闻于上，然疑“猪”犯国姓（朱），辄诡称大鼋为害。上恶（wù）共同“元”

① 第三三〇页，人民文学出版社，1979年。

字，因命渔者捕之，杀鼋几尽。先是，渔者用香饵引鼋。鼋凡数百斤，一受钓，以前两爪据沙，深入尺许，百人引之不能出。一老渔谙鼋性，命于其受钓时穿（无）底缸，从纶贯下覆鼋面，鼋用前爪搔缸，不复据沙，引之遂出。金陵人乃作语曰：猪婆龙为殃，癞头鼋顶缸。言嫁祸也。（明·江盈科《雪涛小说·嫁祸》，见宛委山堂本《说郛》）

原来“顶缸”是“猪婆龙为殃，癞头鼋顶缸”的省略语。“猪婆龙为殃，癞头鼋顶缸”相当于“老龟烹不烂，移祸于枯桑”（语出刘敬叔《异苑》卷三），不但都是五字的复句，而且意思也有点相近；但是，二语的发展运用情况迥然不同。前者是“以点代面”，未曾见过有直接用“猪婆龙为殃，癞头鼋顶缸”为文的；后者只见用原句，或仅改动一二字，如白居易《杂感》诗用作“老龟烹不烂，延祸及枯桑”。如果省略，也须有“龟”和“桑”，不像前者那样连同作祟者和受祸的对象都舍掉了。黄庭坚《观秘阁苏子美题壁》诗就省作“老龟祸枯桑”。二语都是有典故的，无论怎样省略，都得依赖于典故才能明其真相。由此可见，“顶缸”之所以有代人受过义，是由于癞头鼋承受了猪婆龙闯祸所应得到的惩罚。明乎此，也才能把“顶缸”看作一个带有典故的成语，而不至混同于一般的语词了。

然而，“顶缸”又是个多义语，它还有“顶替、顶缺”的意思，而这层意思的用例时代反而提前了：

（27）［州官云］好打这厮，你不识字，可怎么做外郎那？［外郎云］你不知道，我是雇将来的顶缸外郎。（《元曲选·陈州粜米》第四折）

可以肯定,《陈州粜米》是元代无名氏之作,元朝人不可能使用明初的典故;再者其“顶缸”并非“代人受过”义,而是“顶缺”或“顶替”的意思,这个意思后人也有用的,例如:

(28)弘治中南京龙霓精于文义……(龙霓)代都御史金泽子逵入试……人有诗嘲之曰:“……有钱使得鬼推磨,无学却教人顶缸。”(清·褚人获《坚瓠集·庚集》卷三《代试》)

这层意思当然不会是鼋来顶缸,那末,这“缸”何以能代表“缺位”,由于不明其源,也就不得而知了。

1.5.3　书面语为成语,口头语为俗语。

例之一:依样(画)葫芦=照葫芦画瓢　照猫画虎

“照葫芦画瓢、照猫画虎”固然是俗语,就连“依样画葫芦”原来也是俗语,请看:

(29)陶谷自五代至国初,文翰为一时之冠……谷自以久次旧人,意希大用,建隆以后为宰相者,往往不由文翰,而闻望皆出谷下;谷不能平,乃俾其党与因事荐引,以为久在词禁,宣力实多,亦以微伺上旨。太祖笑曰:“颇闻翰林草制,皆检前人旧本,改换词语,此乃俗所谓依样画葫芦耳!何宣力之有?”谷闻之,乃作诗书于玉堂之壁,曰:“官职须由生处有,才能不管用时无;堪笑翰林陶学士,年年依样画葫芦。”太祖益薄其怨望,遂决意不用矣。(魏泰《东轩笔录》卷一)

宋太祖赵匡胤用的是当时流行的俗语,故说是“俗所谓”,可见此语并不始于《东轩笔录》,下面的例子更能证实:

(30)粥了寻常洗钵盂,奈何依样画葫芦。(宋·法应集、

元·普会续集《禅宗颂古联珠通集》卷十九《赵州从谂禅师》）

上面引的是从谂禅师的话。从谂是唐朝一位活了一百二十岁的和尚，直到乾宁四年（公元 897 年）才去世。由此可见，“依样画葫芦”在唐代中、下叶就已是群众的口头语，却通过和尚谈禅理而反映到禅宗语录之中。既然“依样画葫芦”压根儿就是俗语，为什么要把它划为成语呢？首先是由于它比较早地进入了书面，从北宋以来就不断在文人的笔下出现；其次是由于它常常舍掉“画”字，“依样葫芦”就取得了一般成语的形式。例如：

（31）学问之道，以各人自用得著者为真，凡倚门傍户，依样葫芦者，非流俗之士，则经生之案也。（清·黄宗羲《明儒学案·发凡》）

（32）只有一个史阁部，颇有忠心，被马、阮内里掣肘，却也依样葫芦。（清·孔尚任《桃花扇》卷四第三十一出《草檄》）

（33）侄女既不认得，又不知从何下笔，只好依样葫芦，细细临写。（《镜花缘》第八回，第四十三页）

例（33）完全可以换用“照葫芦画瓢”或“照猫画虎”，差别不过在于前一个略“雅”，后两个略“俗”罢了。例（31）（32）则不能替换，因为这里用的已非字面意思，而是一种比喻“缺乏创造，不能独立有所作为”的意思。

例之二：投鼠忌器＝打老鼠（怕）伤了玉瓶儿　爱盘不击鼠毫无疑问，“投鼠忌器”是个成语，可是原本它也是俗语。汉代贾谊在《治安策》（见《汉书》卷四十八）中引用“欲投鼠而忌器”就指明它是“里谚”；直至北朝，樊逊在《天保五年举秀才对策》中仍说：“至如投鼠忌器之说，盖是常谈”（见《北齐书》卷四十五），“常谈”也就是俗语。但是，经过文人一代一代地沿用，又由于字数紧凑，符合传统的成语结构，它就成了一个常见常用的成语，即使变动一二字，由于是承前人现成的话，更证明它的成语性质，如：

（34）愚谓虽有重戾，必宜隐忍，贾谊所谓“掷鼠忌器”，盖谓此也。（孔融《崇国防疏》，见《后汉书》卷七十）

虽然变“投”为“掷”，仍以此语归之于贾谊，利用前人现成的话，正是成语的一大特点。其次是它的书面性质，试比较：

（35）投鼠忌器宝玉瞒赃，判冤决狱平儿行权。（《红楼梦》第六十一回目）

（36）如今就打赵姨娘屋里起了赃来也容易，我只怕又伤着一个好人的体面。别人都不必管，只这一个，岂不又生气？我可怜的是他，不肯为“打老鼠伤了玉瓶儿”。（同上书，第七七八页）

例（35）受文体的限制，只能用字数紧凑的成语，而例（36）则是平儿说的话，用俗语就十分得体。而俗语则有许多不同的说法，这里也不能用“爱盘不击鼠”；唐朝和尚从谂禅师说过：“碍得铜盘不打老鼠”，这里也用不上。这些俗语尽管见于书面，却不可能变为成语的。

1.5.4　成语与俗语的同一性和差异性。

有些成语常有相应的俗语表达同一的概念，如成语“以卵投石”和俗语“（拿着）鸡蛋往石头上碰”，意思就大体相同，但是在具体运用上却有很多差别。俗语的“拿（着）”相当于成语的“以”字，可是成语的这个介词不但多不能省，还常常在前面加上“犹、若”等用作明喻的字眼；俗语则不然，不但常常省掉“拿（着）”，而且前面一般不用“如同、好比”之类的词。例如：

（37）以其言非吾言者，是犹以卵投石也；尽天下之卵，其石犹是也，不可毁包。（《墨子·贵义》）

（38）他撒个娇儿，太太也得让他一二分，二奶奶也不敢怎么。你们就这么大胆子小看他，可是鸡蛋往石头上碰！（《红楼梦》第五十五回，六九八页）

例（37）书证的时代相当早，但从行文看，用的仍是现成话，自然不必去掉一个“以”字；例（38）用俗语极为自然，既形象又明白晓畅，而且在修辞上又是隐喻，也根本没有必要添上一个“拿”字。

字面相关、含义相近的成语和俗语还可举出“饮水思源”与“喝水不忘掘井人”等；也有字面迥然不同，而含义接近的，如“一暴十寒”与“三天打鱼，两天晒网”等；还有在字面上的意思相关，而比喻义却截然不同者。例如：

（39）［钱镠］率领二千军众，便想攻打越州。看见城中已有准备，自己后军无继，孤掌难鸣，只得拨转旗头，重回旧路。（《古今小说》卷二十一）

（40）娘儿两个吵起来……袭人道：“一个巴掌拍不响。老的也太不公些，小的也太可恶些。”（《红楼梦》第五十八回）

“孤掌难鸣”是比喻力量单薄，难于办成事的意思，“一个巴掌拍不响”是比喻矛盾由双方引起，不能归咎于一方的意思。在这里，成语的含义单纯，而俗语的含义宽泛，两者是同中有异的。

更有字面上毫不相干而概念相通又不尽相同者，奴出自《管子·小匡》的“见异思迁”和语本《吕氏春秋·先识览·观世》的“这山望见那山高”就是其例。“见异思迁”的意思是看见不同的事物就改变主意，表示用心不专，爱好无常；而“这山看见那山高”则用来比喻对自己所处的环境或所从事的工作总感觉比不上人家的好。像这一类同中有异的成语和俗语很需要并存以利于辨析使用，所以这部分俗语也可以当作成语收录，这样是有好处的。

1.5.5 俚语。 俚语是俗语的一种，带有很强的方言性。清·张南庄用成语、俗语写的《何典》一书，其中就用了大量的俚语。鲁迅于1926年为《何典》作的“题记”中说：“成语和死古典又不同，多是现世相的神髓，随手拈掇，自然使文字分外精神。”鲁迅在这里所说的“成语”是广义的，包括大量的俗语和俚语在内。俚语的方言性愈小，愈易于进入普通话，如“碰钉子，碰了一鼻子灰、一塌刮子、像煞有介事、说嘴郎中无好药、急惊风撞着了慢郎中、偷鸡不着蚀把米”等，就都已成为一般的俗语。但是，俚语受方言性的限制，毕竟难于进入普通话，因此，来源于俚语的成语就比较少。

1.5.6 歇后语。 歇后语是熟语的一种，多为形象化的语句，跟成语和俗语的关系比较密切。

a. 跟成语、俗语相关的歇后语可分为两种形式：

其一，对某一现成的语句，截取前面部分为独立的短语，略去后面部分的词语，略去的词语之本意则由截用的部分来表达。例如：

1）近水楼台——先得月

2）泥牛入海——无消息

3）打破砂锅——璺（问）到底

4）醉翁之意——不在酒

例1）、2）前面部分是成语；例3）前面部分是俗语的歇后；例4）前面部分是成语的歇后。

其二，由两个部分组成的一句话，前面部分是比喻语，后面部分是解说语，本意虽在解说语，通常却只用前面的比喻语来表达本意。例如：

1）泥菩萨落水（一作"过江"）——自身难保

2）哑子吃黄连（一作"苦瓜"）——有苦难言

3）缺口镊子——一毛不拔

4）八仙过海——各显神通

5）千里送鹅毛——礼轻人意重

6）路遥知马力——日（一作"事"）久见人心

7）项庄舞剑——意在沛公

8）司马昭之心——路人皆知

9）百足之虫——死而不僵

例1）、2）、3）是歇后语；例4）、5）、6）是俗语的歇后；例7）、8）、9）是成语的歇后。

b. 属于比喻语的成语和俗语往往可以用作歇后语。例如：

（41）今人掘井，所以备渴饮也，居当近水泉，所以备渴也；临渴且死，乃掘井索水，何及得也，已劣矣。（《太平经》，合校本第七二）

（42）我见你须臾下礼有跷蹊，我这里囫囵吞个枣不知酸

淡。（元·吴昌龄《二郎收猪八戒》第一折，《古本戏曲丛刊》第四集）

例（41）是"临渴掘井"，本意在于"来不及，不济事"；"何及得也"或《素问·四气调神大论》"渴而穿井"后的"不亦晚乎"都是这个意思，故宋代王君玉《杂纂》（见《古今说海》）用之作歇后语："临渴掘井——不济事"。例（42）的"囫囵吞枣"本是俗语，宋代朱熹就每每用之，"囫囵"写作"鹘仑"或"浑沦"，在《朱文公文集》卷五十九《答林正卿》中就指明"谚所谓"。从吴昌龄的行文来看，完全是歇后语的体式，而明代孟称舜评点这段文字时却说："元人惯用此等成语"，明明是把歇后语当作成语。此亦可反衬这类形象化的比喻语是容易用为歇后语的。

c. 个别的歇后语可以用作成语。

唐代李义山《杂纂》（见宋·胡仔《苕溪渔隐丛话前集》卷二十二《西昆体》引《西清诗话》）以"清泉濯足、花上晒裈、背山起楼、烧琴煮鹤、对花啜茶、松下喝道"为比喻语，而统统以"杀风景"为解说语，它们都是歇后语，按说六个比喻语都可以用为成语，可是事实则不然，成语也是有选择性的。尽管有的辞书把"背山起楼"也当作成语收录，但却无一个例证。后人从这六个比喻语中选择的是"焚（烧）琴煮鹤"，请看：

（43）百年梦，如俄顷。这回头陈迹，漫劳深省。吹竹弹丝谁不爱，焚琴煮鹤人何肯？尽三觥、歌罢酒来时，风吹醒。（洪适《满江红》，《全宋词》一三八四页，上栏）

（44）绿杨深巷，人倚朱门，不是寻常模样……又没个怜香惜媚，落在煮鹤烧琴魔障。顿惹起闲愁，代他出脱千

思万想。（清·郑燮《玉女摇仙佩·有所感》，《郑板桥集》一四二页，上海古籍出版社，1979 年）

从南宋初就已有人用，到了清代用得就更普遍了。

d. 含有出典的歇后语。

这种歇后语如把解说语略去，只剩下比喻语，就等于谜语一样，其比喻语恰像谜面那样一时难于猜破。例如：

（45）哥哥也恰如赵杲送灯台，便道不的山河易改，恁时节和尚在钵盂在。（《元曲选·黄粱梦》第二折）

（46）每日家问，春梅无信息……哎，他也恰便似赵杲送曾哀。（《元曲选·儿女团圆》第二折）

一作"赵杲送灯台"，一作"赵杲送曾哀"，今人如不明其出典，既得不到方言口语的印证，又无上下文衬托，恐怕就有点难于索解，弄不清它本是一个谚语而用为歇后。翟灏在《通俗编》（卷二十六）中认为"赵杲送曾哀"为"赵杲送灯台"音之讹；而陈垣则认为"赵老送灯台"实乃"赵杲送曾哀"之讹，并说"赵杲、曾哀何人，正可一并研究也。"①

如果此语不是用为歇后，而是连同"谜底"一起用，人们反而因其含义可一目了然而不想去打破砂锅问到底了。例如：

（47）俚谚云："赵老送灯台，一去更不来。"不知是何等语，虽士大夫亦往往道之。天圣中有尚书郎赵世长者，常以滑稽自负，其老也求为西京留台御史。有轻薄子送以诗云："此回真是送灯台。"世长深恶之，亦以不能酬酢为恨。其后竟卒于留台也。（宋·欧阳修《归田录》卷二第十条）

---

① 见《陈垣学术论文集》第二集四四六页，中华书局，1982 年。

（48）恰便似送曾哀赵藁不回来。哎哟，儿也，我则道父子每相间隔，不想孩儿也俨然在。（《元曲选·薛仁贵》第二折）

从例（47）可知例（45）的“赵杲送灯台”和例（46）的“赵杲送曾哀”，其“谜底”（解说语）都是“一去更不来”；例（48）的“送曾哀赵藁不回来”由于比喻语和解说语兼而有之，所以不存在理解上的严重障碍。这个作歇后语用的谚语，跟“泥牛入海”“肉包子打狗”所要表达的本意是一致的，而前者费解，就在于其所含的故实时过境迁，逐渐中断了语言运用的连续性，从而给今日的读者在理解上造成了某种程度的障碍；后者易于理解，就在于它是形象化的诙谐说法，仅凭常识即可判断它所要表达的本意是什么。

1.6　成语与谚语的关系。

1.6.1　谚语与俗语的比较。　在上一节里谈俗语时已多次涉及谚语，如“巧媳妇做不得无面馎饦”，庄季裕在《鸡肋集》中开始说是“谚”，末后却又说是“俗语”，可见谚语和俗语有时是一码事，谚语可以包括在俗语之中。《现代汉语词典》的“谚语”和“俗语”条，都用了“天下无难事，只怕有心人”为例证，也说明谚语和俗语之间并没有严格的界限。但是，如果认真讨究，谚语与俗语还是有所不同的。试比较：

a. 俗语：

打肿脸充胖子　恶人先告状　胳膊扭不过大腿　胳膊折了在袖子里　喝西北风　九牛拉不转　看人下菜碟儿　口里摆菜碟儿　两肩扛着一张嘴　拿着鸡毛当令箭　破罐子破摔　墙倒众人推　身在曹营心

在汉　太阳从西边出来　听见风就是雨　脱了裤子放屁　一口吃个胖子　一个萝卜一个坑　一锹掘个井　一碗水端平　一块石头落地　一言抄百总　有一搭没一搭　当面锣，对面鼓　陈谷子，烂芝麻　东一榔头，西一棒槌　说曹操，曹操就到　有枣一竿子，没枣一竿子

b. 谚语：

不聪不明，不能为王；不瞽不聋，不能为公（《慎子》）　从善如登，从恶如崩（《国语·周语》）　富不学奢而奢，贫不学俭而俭（《意林》引《任子》）　积财千万，不如薄伎在身（《颜氏家训》）　救寒无若重裘，止谤莫如自修（《三国志·魏志·王昶传》）　千羊之皮，不如一狐之腋；　千人之诺诺，不如一士之谔谔（《史记·赵世家》）　人莫蹶于山，而蹶于垤（《韩非子·六反》）　桃李不言，下自成蹊（《史记·李将军列传》）　遗子黄金满籯，不如一经（《汉书·韦贤传》）　有病不治，常得中医（《汉书·艺文志》）　政如冰霜，奸宄消亡；威如雷霆，寇贼不生（《意林》引《正部论》）

——以上古书引谚

得鸟者，罗之一目；一目之罗，无时得鸟（《文子·上德》）　得十良马，不如得一伯乐；得十良剑，不如得一欧冶；得地千里，不如得一贤人（《吕氏春秋》）　高鸟相木而集，智士择土而翔（《阮子》）　己是而彼非，不当与非争；彼是而己非，不当与是争（《意林》引《魏子》）　涓涓不塞，将为江河；荧荧不

救，炎炎奈何（《太公六韬》） 蓬生麻中，不扶自直；白沙在泥，与之皆黑（《大戴礼记·曾子制言》） 山川而能语，葬师食无所；肺腑而能语，医师色如土（《相冢书》） 善游者溺，善骑者堕（《文子·符言》） 善御者不忘其马，善射者不忘其弓，善为上者不忘其下（《韩诗外传》） 与人善言，暖若锦帛；与人恶言，深于矛戟（《意林》引《荀子》） 自见则明，借人见则暗；自闻则聪，借人闻则聋（《邓析子》）

——以上古语

介乎俗语、谚语之间者：

不到黄河心不死　不见棺材不掉泪　不善使船嫌溪曲　苍蝇不叮没缝鸡蛋　车到山前必有路　出头椽子先烂　船多不碍港　到什么山上唱什么歌　隔行不隔理　隔行如隔山　行家不说力把话　皇帝也有草鞋亲　敬酒不吃吃罚酒　老虎屁股摸不得　老虎头上拍苍蝇　老虎也有打盹时　肉烂在锅里　舌头底下压死人　身在福中不知福　死了王屠不吃带毛猪　偷鸡不着蚀把米　兔子不吃窝边草　心里没病不怕冷黏糕　心病还须心药医　羊毛出在羊身上　一朝天子一朝臣　有奶便是娘

——以上单句

不怕慢，就怕站　成人不自在，自在不成人　公说公有理，婆说婆有理　合则留，不合则去　来说是非者，便是是非人　来者不善，善者不来　山中无老虎，猴子称大王　三个臭皮匠，赛过诸葛亮　阎王好见，小

鬼难搪　一个和尚挑水吃，两个和尚抬水吃，三个和尚没水吃　一只碗不响，两只碗叮当　有理走遍天下，无理寸步难行　又要马儿跑得好，又要马儿不吃草　早晨栽下树，晚来要乘凉　只开弓，不放箭　整篓洒油，满地捡芝麻

——以上复句

a 项所列之俗语，一般说来不宜称之为谚语，它们是简练而形象化的语句，多数都可以当作一个词来使用。b 项所列之谚语，前一类是古书上指明为谚语的，后一类是古书上的语句可以当作谚语的。从数量上看，后一类比前一类更多一些。从列举的古谚、古语的例证看，可知谚语反映深刻的道理，多是经验的总结，一般只能引用，而不能当作词来使用。c 项中的单句类似 a 项，偏向于俗语，主要不同点在于 a 项的俗语在事理性和形象化方面均不及 c 项的单句那样浓重；复句类似 b 项，偏向于谚语，主要不同点在于 b 项的谚语偏重于书面语，而 c 项的复句则为口语化；其次，反映的道理，后者多不及前者深刻。

此外，有一部分谚语多反映事物、现象的普遍性或必然性，几乎全是五、七言诗句，如"白日莫空过，青春不再来　少壮不努力，老大徒伤悲　待予心肯日，是汝命通时　尽日觅不得，有时还自来　好花皆易落，尤物不长生　世间好物不坚牢，彩云易散琉璃脆　世上好话佛说尽，天下名山僧占多　书到用时方恨少，事非经过不知难　人逢喜事精神爽，闷上心头瞌睡多　一寸光阴一寸金，寸金难买寸光阴　酒逢知己千杯少，话不投机半句多　爽口物多终作疾，快心事过必为伤"等等，性质都类似谚语，前人则多视为成语，其口语化强的也无妨以俗

语视之。

1.6.2 谚语用为成语类例。 谚语用作成语，大致有下面几种情形：

a. 直接用作成语者：

狼子野心（《左传·宣公四年》） 利令智昏（《史记·平原君虞卿列传》） 宁为鸡口，无为牛后（《战国策·韩策》） 千里之行，始于足下（《老子》六十四章）

b. 取原语之半为成语者：

辅车相依，唇亡齿寒（《左传·僖公五年》） 畏首畏尾，身其余几（《左传·文公十七年》） 匹夫无罪，怀璧其罪（《左传·桓公十年》） 众心成城，众口铄金（《国语·周语下》）

c. 去掉虚助字而为成语者：

嫠不恤其纬（《左传·昭公二十四年》） 狐埋之而狐搰之（《国语·吴语》） 亡羊而补牢（《战国策·楚策》） 欲投鼠而忌器（《汉书·贾谊传》）

d. 经过紧缩或删节而为成语者：

尺有所短，寸有所长（《楚辞·卜居》） 水至清则无鱼（省略“人至察则无徒”，或紧缩作“水清无鱼”——《大戴礼记》）

1.7 关于借用成语。

1.7.1 来源于佛经的成语。 例如“不二法门、不可思议、不即不离、恒河沙数、聚沙成塔、昙花一现、五体投地、现身说法、一尘不染”等等，原来也不是汉语中固有的，而是通过佛教的传播输入而来的。由于这类词语进入汉语的年代久远，早已成为汉语成语的一个重要组成部分了。这一部分成语即不必看作借用成语。

1.7.2 借用成语两种类型示例。 由于借用成语必须合乎汉语构词的特点，同时还必须符合汉语的语言习惯，所以借用成语为数甚少。

a. 原封不动借用例：以眼还眼，以牙还牙。

这个成语出自《旧约全书·出埃及记》第二十一章："若有别害，就要以命偿命，以眼还眼，以牙还牙，以手还手，以脚还脚，以烙还烙，以伤还伤，以打还打。"又见于《申命记》第十九章。汉语借用时从中只取"以眼还眼，以牙还牙"，而不取"以命偿命，以手还手"等，这是因为"以眼还眼，以牙还牙"具有典型性、概括性和形象化。《新约全书·马太福音》第五章引用《出埃及记》也仅取这两句，可见中外对词语的选择是有共同认识的。

b. 经过改动借用例：旧瓶装新酒。

这个成语出自《新约全书·马太福音》第九章："没有人把新酒装在旧皮袋里；若是这样，皮袋就裂开，酒漏出来，连皮袋也坏了。唯独把新酒装在新皮袋里，两样就都保全了。"中国人从来没有用皮袋装酒的做法，如果生搬硬套，径作"旧皮袋装新酒"，由于不合汉语习惯，势必不为人们所接受，也就不可能成为借用成语了。

1.7.3 借用成语的辨证。 有少数所谓借用成语，仅因语源一时找不到，就定为借用成语，这是需要持谨慎态度的。

例之一：杀鸡取卵（蛋）。此语之出典，一些辞书都引用《伊索寓言》中《生蛋的鸡》一则说：有人养着一只生金蛋的鸡，他以为鸡肚里有金块，就把它杀了。结果发现这只鸡和别的鸡完全一样。[1]拉·封登的寓言诗《鸡生金蛋》说得更具体："有人养的母鸡，据说十分神奇。每天生个金蛋，已经生满一篮。这人起初喜欢，后来就觉不满。一天只生一个，感到很不耐烦。他想鸡的肚子，一定装满金子。要是把它剖开，一次就发大财。他就把鸡杀死，立刻后悔不止：里面啥也没有，只有一些鸡屎。"拉·封登的寓言诗意思全本《伊索寓言》，都是说剖开鸡腹是为了取得一大注财宝，妄图一下子就能发大财，而非单纯要取出一个"卵（蛋）"来。可见原来的寓意是由于贪得无厌而落个"鸡飞蛋打"的结果。"杀鸡取卵"的比喻义是"只图眼前的好处而损害长远的利益"，跟"竭泽而渔"（或"焚林而田"）差不多。如果求用字的近似，唐朝诗人李益《汉宫少年行》（见《全唐诗》卷二八二）"玉笼金锁养黄口，探雏取卵伴王孙"中就有"取卵"二字，而且"探雏取卵"也可得出类似"竭泽而渔"的意思来。但是，毕竟"探雏"与"杀鸡"不是一回事，尚不能遽然视为源头。比较合理的看法是把"杀鸡取卵"当作俗语，而俗语多"不见经传"，如"堵窝掏蛋""不指着这窝鸡下蛋"，就都是以"鸡"以"蛋"为喻的俗语，都是无例可援的。显而易见，与其把"杀鸡取卵"视为借用成语，不如把它看作俗语更符合汉语的实际。当然，也可以交代《伊索寓言》的故事，作为参考。

例之二：一相情愿。　有一本专讲成语的书认为此语取材于求那毗地译、伽斯那撰《百句譬喻经·田夫思王女喻》："昔有田夫，游行城邑。见国王女，颜貌端正，世所希有。昼夜想念，情不能已；思与交通，无由可遂，颜色瘀黄，即成重

① 第四三页，人民文学出版社，1981年。

病……”[①] 文中根本无“一相情愿”四字。如果仅仅由于故事说农夫爱上国王的女儿而害相思病，从而以之为素材形成这个成语，那末这一类“单相思”的故事从古至今是不乏其例的，而“一相情愿”的事也在所多有。例如：

（49）俗说：齐人有女，二人求之。东家子丑而富，西家子好而贫。父母疑不能决，问其女：“定所欲适，难指斥言者，偏袒令我知之。”女便两袒。怪问其故，云：“欲东家食，西家宿。”（汉·应劭《风俗通义》佚文，见《艺文类聚》卷四十、《太平御览》卷三八二）

这个两袒的女子和那个思念王女的田夫犯的是“同病”，都是一相情愿。与其用《田夫思王女喻》为素材而说是借用成语，莫如以《风俗通义·两袒》为素材而说是汉语固有成语。然而更重要的是，还在于有四字成文的例证来衬托语义并指明共时代的早晚。比如《何典》过路人的“序”和第八回就都用了这个成语。

在这一章里，我们总共谈了四个问题：

其一，成语的概念和定义。顾名思义，成语之所以为成语，关键在一“成”字，也就是说，成语是现成的话。

其二，成语的字数。我们承认汉语成语以四字成语占绝对多数，同时也不忽略二、三字乃至五、六字以上的成语。这个认识是比较合乎客观实际的。如果偏离这个认识，就有可能自觉或不自觉地排斥二字乃至三字成语，从而使二、三字成语在成语词典中得不到应有的地位。这是不利于对汉语成语的掌握和运用的。但是，另一方面，我们对二、三字成语的标准也

① 马国凡《成语》，一二三页，内蒙古人民出版社，1978年。

要规定得严一些，不可失之于滥；凡是不含典故的，更应从严对待。

其三，成语与俗语、谚语的关系及其界限。有一些成语来源于俗语或谚语；某些字数较少，结构齐整、匀称的俗语、谚语，如果人们长期以来习用，也都可以视为成语。但是，绝大多数、特别是那些字数较多、结构松散的俗语、谚语，人们又不经常使用，那就不宜看作成语。

其四，借用成语。我们把来源于佛经中的成语多不看作借用成语，因为这类成语早已成为汉语成语中的一个重要组成部分；真正的借用成语可以说是“绝无仅有”，“以眼还眼，以牙还牙”可算一例；以近二三十年来比较常见的“火中取栗”来说，一般辞书均视之为借用成语，出处引法国拉·封登（Jean de La Fontaine 1621—1695）的寓言《猴子与猫》，它的故事内容是符合这个成语的比喻义的，唯不见成文的四个字。如果撇开故事内容和比喻义，单从字面和本义求索，宋代的孔平仲在《食梨》一诗中就有“奈何拨火取煨栗”的话。孔平仲是北宋治平二年（公元1065年）进士，比拉·封登要早六百年。固然从比喻义上来考察，“拨火取栗”是不含“冒险为人出力，自己上当却一无所得”的意思，但是，在字面上的“拨火取煨栗”也即“火中取煨栗”，如果承认“火中取煨栗”与这个成语有关，那末“拨火取煨栗”也就不能说毫无关系。我们认为，“火中取栗”应是汉语中固有的说法，这个词语早就存在了，只是到了现代才吸收了《猴子与猫》故事中的意蕴，从而使这个成语的内容更加丰富了。

第二章　成语的源流

成语的历史性比一般语词为强，所以更需要穷源溯流，即从源和流两个方面找到可靠的书证，以体现一个成语的发生，发展和衍变的历史和现状。溯源是指明成语的出处，找出来源，并列举书证；溯流是把成语的语型和含义的衍变，也须尽量举出可靠的有说服力的例证来。

2.1　从语言的意义的角度溯源。

对于意义相同而不论字面是否相同，能不能当作语源的问题，具体情况应作具体分析，不可一概而论。

2.1.1　意义相合而字面不同可以看作语源。

例之一：川流不息。　认为语意本于《论语·子罕》："子在川上曰：'逝者如斯夫！不舍昼夜。'"是可以成立的。这里不仅暗含"川流不息"的意思，而且字面也有"川、不舍"，"流"字从"逝"字可寻绎出来，如说"流逝"；"不舍"即"不息"，舍字读去声，作动词，是停留的意思。后人本《子罕》文，即用为"川流不舍"，例如：

（50）川流不舍，往而不还者，年也。（梁·萧绎《金楼子·后妃》）

这个例子充分证明"川流不息"的语意本于孔子"在川上"说的这句话的。

例之二：种瓜得瓜，种豆得豆。　认为语意本于《吕氏春秋·用民》:“种麦而得麦,种稷而得稷”是有道理,站得住脚的。“种什么得什么”这一事理,古今中外,概莫能外。俗语“栽什么树苗结什么果,撒什么种子开什么花”表示的也是有其因必得其果。这一概念的表达形式多种多样,试看:

(51)如人种苦得苦实,种甜得甜实,长实譬如种五谷,种稻得稻,种豆得豆,如人作善得善,作恶得恶。(后汉安息国三藏安世高译《佛说分别善恶所起经》)

(52)凡物多自有根本,种禾终不生豆苗。(顾况《行路难(三首之一)》,《全唐诗》卷二六五)

(53)种桃无李实。注:俗谚曰:“种李不成桃,种禾不生豆。”(《山谷内集诗注》卷十一《颐轩诗》,宋·任渊注)

(54)种麻得麻,种豆得豆,顾其所种者种(zhǒng)何如耳。(宋·吴如愚《准斋杂说》卷上《种德喻》)

(55)施报之理,种瓜得瓜,种果得果,恩怨之报,理之如一。(宋·杜道坚《文子缵义·符言》释文)

(56)我则理会的种谷得谷,种麻的去收麻。(《元曲选·合汗衫》第二折)

(57)种兰得香,种粟得粮,皆报应之理也。(元刻本《盘山栖云大师语录》)

(58)种豆何曾得黍,种麻何曾得瓜。(清康熙年间人《育王嵩莱荃禅语录》)

八个例子中既有瓜、豆,又有稻、谷、粟、禾、黍以及桃、李、麻和兰花。尽管说法五花八门,却“万变不离其宗”,表达的意思是一致的。《吕氏春秋》用的是“麦”和“稷”,《佛说分别善恶所起经》用的是"稻"和"豆"，总而言之，都是五谷。只是后面的"种豆得豆"的话，与今日定型式一半相合。为此而将语源归诸佛经，似也不尽合理，因为毕竟"种稻得稻"不是"种瓜得瓜"，倒是跟"种麦（稷）得麦（稷）"同属粮食作物，不能说二者是毫无关连的。由此可以推论："种瓜得瓜，种豆得豆"如可以用《佛说分别善恶所起经》为源头之一的话，而把语意本于《吕氏春秋》的提法就完全是可以成立的。

2.1.2　意义偶合或相关而字面并无渊源关系者，不宜强作语源。

例之一：纸上谈兵。　近年出版的辞书和有关成语的小册子，此语大多以《史记·廉颇蔺相如列传》中的赵括事为语源，其实这并不准确。诚然，赵括其人是善于谈兵却不会用兵的一个典型，长平一战，赵国数十万之众断送在赵括之手，连赵括本人也被秦军射杀；尽管赵括传中有"言兵事"三字，而"言兵事"亦即"谈兵"，但是，它毕竟不是"纸上谈兵"的出处。此语旧《辞海》虽然交代赵括事，却又引明代刘三吾诗[①]，然后加按语："世称纸上谈兵，当即本此。"可见旧《辞海》的编纂者亦不认为赵括事为此语之源。赵括所处的战国时代尚无"纸"这一事物，司马迁写《史记》多半用的是帛，而不可能是纸，从近年来出土的汉代帛书即是证见。"纸上"是构成"纸上谈兵"一语的关键部分，而"纸上"所表示的意思是脱离实际，或是空虚不实，这层意思到了宋代才比较普遍用开来。例如：

---

① 见《刘坦斋先生文集》卷下《七言律诗·湖南杂咏（三首之二）》，全诗如下：遣使频年赴帝京，名为计事岂真情。鄂垣仅有湘南地，朝野犹夸纸上兵。诸镇一如唐末岁，孤忠谁似李长城。山河依旧天如水，愁听寒鸦日暮声。

（59）纸上得来终觉浅，绝知此事要躬行。（陆游《剑南诗稿》卷四十二《冬夜读书示子聿（其三）》）

（60）臣尝读《无逸》一书，盖周公晚岁所作，字字真实，吐自肺肝，非徒纸上空言而已。（袁甫《蒙斋集》卷四《秘书少监上殿第一札子》）

（61）却笑刘蕡不遭际，徒令纸上有虚名。（王十朋《王忠文公集》卷三十五《集英殿赐第》）

这“纸上”二字在司马迁写的赵括传中是根本没有的，而且也没有这层意思。在宋代既已广泛使用“纸上”的概念，那末，“纸上谈兵”的类似语也就不难从宋代文献中发现。姑举数例：

（62）上（宋真宗）知之，谓左右曰：“朕尝见儒人谈兵，不过讲之于樽俎砚席之间，于文字则引孙吴，述形势皆闲暇清论可也，责之于用，则临事罕见有成效者”。（释文莹《玉壶清话》卷七，《五朝名臣言行录》卷二之二引见）

（63）不随举子纸上学《六韬》，不学腐儒穿凿注《五经》。（刘过《龙洲集》卷一《多景楼醉歌》）

（64）孙吴非纸上，方略要从宜。（楼钥《攻愧集》卷十二《背水阵》）

例（62）虽只有“谈兵”二字，而“纸上”的意思则从“讲之于樽俎砚席之间，于文字则引孙吴”可以得出；例（63）（64）都有“纸上”二字，虽无“谈兵”二字，说的也是用兵之事，《六韬》是讲兵法的书，孙子、吴起都是军事家和战略家。三个例证结合在一起即可形成“纸上谈兵”这个成语。

例之二：近朱者赤，近墨者黑。此语出晋·傅玄《太子少傅箴》（见《傅鹑觚集》卷三；《太平御览》卷二四四、《续古文苑》卷十四均脱“近朱者赤”四字）。如单从语意近似求之，在先秦时代就有“染于苍则苍，染于黄则黄”的话，见于《墨子·所染》。文中说“非独染丝然也，国亦有染……非独国有染也，士亦有染”，是以染丝为喻，说明人之善恶好坏是受环境的影响濡染所致，与“近朱者赤，近墨者黑”的比喻义近似。但是，傅文却非本于《墨子》，两者在字面上没有直接的渊源关系，如细心体察，倒有点间接关系，例如：

（65）夫交之道，犹素之白也，染之以朱则赤，染之以蓝则青。（《艺文类聚》卷二十一引《谯子》）

谯子是三国蜀人，名周，著有《谯子法训》八卷、《谯子五教》五卷，两书已佚，《新唐书·艺文志三》有著录。谯子之文承前而启后，“染”字全本《墨子·所染》，而“……朱则赤”又开傅文之先河。尽管有如此明显的承袭线索，《墨子》的“染于苍则苍，染于黄则黄”仍不宜当作“近朱者赤，近墨者黑”之源。“染于苍则苍，染于黄则黄”是“苍黄”这个词的语源，用来比喻事物的变化。自傅玄文披露之后，人们就一直沿用傅文，不再袭用墨、谯之文，用于这层比喻义的《墨子》之文就断了线。从后世沿用本于傅文的例证，亦可断定傅文当为此语之源：

（66）夫丽朱者丹，附墨者黑，盖累渐而得之也。（唐·王绩《王无功集·负苓者传》）

（67）伯紫近居辇毂下，授餐者多，又为近水楼台，邻朱必赤。（清·李渔《笠翁文集》卷三《与纪伯紫》）

例（66）之“丽”即附着，“附”即靠近，“丹”即赤，红色；例

（67）之“邻”即邻接，邻近；此例仅用其半，即是“近朱者赤”。只是在用字上稍有变化，终不脱“近朱者赤，近墨者黑”的窠臼。可见后世用这个成语是以傅玄《太子少傅箴》为其源的。

2.2 从字面角度溯源。

成语在字面上多有大同而小异者，溯源时应注意那些略有异文的或语序倒置的“原始型”，这个“原始型”也可能正是语源之所在，也可能含义各别，须认真剖析，以求用为语源者尽量符合语言实际。

2.2.1 有些字面大同小异者可为语源。

时代靠前而用字或语序有异的语型可为语源者，其例甚多，先举几个比较普通的：

德高望重 ——→ 德隆望重（《晋书》卷六十四《简文三子传》）｜开卷有益 ——→ 开卷有得（《陶渊明集》卷七《与子俨等疏》）｜犁庭扫穴 ——→ 犁庭扫闾（扬雄《谏不受单于朝书》，见《汉书·匈奴传下》）｜迅雷不及掩耳 ——→ 疾雷不及掩耳（《六韬·龙韬·军势》）根深蒂固 ——→ 深根固柢（《老子》五十九章）｜一意孤行 ——→ 孤行一意（《史记·张汤列传》）｜艰难险阻 ——→ 险阻艰难（《左传·僖公二十八年》）

下面再举几个比较复杂一点的例子：

a. 赤手空拳。 这个成语某些辞书都引《元曲选》的例证，元、明时代此语已数见不鲜，《元曲选》中也不止一见。可知《元曲选》之例并非此语之源。此语原本作“赤手空拳”，例如：

（68）书生不知分，奉诏行三军。赤手张空拳，幸脱貔虎

群。（宋·魏了翁《鹤山先生大全文集》卷六《端平三年春三月戊午朔》）

（69）防秋在即，赤手空卷何以应敌？（同上，卷三十《缴奏奉使复命十事（其九）》）

从（68）例可知“空拳”原作“张空弮”，意思是张开弓没有箭射。弮，音quān，形与音均与“拳”相近。“张空弮”语出《汉书·司马迁传》：“张空弮，冒白刃，北首争死敌。”在同书之《李陵传》中“弮”却作“拳”，颜师古注：“拳字与絭同”，后世却误以为拳头的“拳”。例（69）是四字连用，证明“赤手空弮”即“赤手空拳”的前身。

b. 积重难返。　明末清初时的陈乾初在《大学辨三》中说：

（70）今《大学》之为圣经，已成极重不反之势，弟之孤危，正同二子，然是非之公，终难埋没。（《陈确集》五九三页，中华书局，1979年）

其中有一个成语即“极重不反”，该书的点校者在“极”字之下用黑体鱼尾号加了标注，谓“疑当作‘积’”。此盖不明成语“积重难返”是由“极重难返”衍变而来，致有此不当刊而刊之举。用为“极重不反”者并非陈确一家，姑举二例为证：

（71）此皆蔑弃旧规遗制之极，然而一变之后，遂不可改……此又皆势处极重必难返者。（明·沈德符《万历野获编》卷十三《旧制一废难复》）

（72）是时不以为非者，有高子元发即取有明十数家手选而钞之，大意多本于余，遇余有所论著，亦必手钞之，当极重难返之势，余又无禄位容貌，如震川所云巨子

者，足为人所和附。（清·黄宗羲《南雷文案》卷一《高元发三稿类存序》）

二例均作“极重难返”，足以证明陈确文之“极”并非别字，不当改为“积”字。“积”与“极”义相通：积，聚也；极，至也，均可得出“达到顶点”的意思。《旧五代史》卷二十七《庄宗纪一》有“物不极则不反，恶不极则不亡”的话，其后一句即本《周易·系辞上》之“善不积不足以成名，恶不积不足以灭身”中的后一句。在这两句之后还有“故恶积而不可掩，罪大而不可解”的话，这里的“积”更不是积累的意思，因为它与“大”字互文见义，“大”是形容词而非动词，那末“积”亦必如是，否则就扞格不通。把前一句的“恶积”和后一句的“罪大”并合在一起则为“恶积罪大”，也就是“罪大恶极”这个成语的最早出处。

c. 劳民伤财。　此语新旧《辞源》《辞海》均未收。近年出版的辞书有引《西游记》为例证者，其实此语先秦时代就出现了：

（73）天地节而四时成，节以制度，不伤财，不害民。（《周易·节》）

（74）[景]公曰：“善。寡人自知诚费财劳民，以为无功，又从而怨之，是寡人之罪也。”（《晏子春秋·内篇谏下·第十八》）

后世沿用或本《周易》，或本《晏子春秋》，例如：

（75）季世加以锦绣之饰，皆比集异物，费日劳力，伤财害民，有损于德。（后汉·张紘《瓌材枕赋》，见《艺文类聚》卷七十）

（76）方今朝之阙政……六曰信狂狡之人，妄兴水利，劳民

费财。（宋·司马光《温国文正司马公集》卷四十五《应诏言朝政阙失事》）

如紧扣字面来要求，“劳民”当取自《晏子春秋》，“伤财”则取自《周易》，比合二者而成“劳民伤财”。

2.2.2 有些字面大同小异者又非语源。

成语的引源扣紧字面有时是至关紧要的，哪怕是一字之差，往往是差之毫厘，谬以千里。例如：

（77）偶无公事客休时，席上谈兵校（一作“角”）两棋。（宋·黄庭坚《弈棋二首呈任公渐》，见《山谷外集诗注》卷二）

（78）诏书至门，肱使家人对云：“久病就医”。（《后汉书》卷五十三《姜肱传》）

例（77）的“席上谈兵”与“纸上谈兵”仅“席”与“纸”之差。显然，这里指下棋，虽说也像作战一样双方较量输赢，却无“纸上”空虚而不合实际的意思。故两者不容混为一谈；例（78）的“久病就医”与“久病成医”也仅止“就”与“成”之差，而且“就”字也有“成”或“达到”的意思，如果不放到具体的语言环境中，完全可以跟“久病成医”划等号。一旦检验书证，就会发现“久病就医”是姜肱拒不接受委任的托词，意思是长久生病到医生那里去治疗。这层意思当然跟“久病成医”是不相干了。

上面两个例子容易识别，不会在认识上发生分歧。下面再举两个可能有不同看法的例子。

（79）今日何迁次，新官对旧官。笑啼俱不敢，方验作人难。（唐·孟棨《本事诗·情感》）

（80）汝瞳焉如新生之犊，而无求其故。（《庄子·知北游》）

例之（79）多有作“啼笑皆非”之出处者；例之（80）有作“初生之犊不怕虎”之语源者。如不深究，表面上也还应付得过去：“笑啼俱不敢”之“笑啼”即“啼笑”，“俱”即“皆”，都相吻合；“新生之犊”与“初生之犊”亦可相等。然而“不敢”却不等于“非”，“无求其故”也得不出“不怕虎”的意思。

“笑啼俱不敢”是乐昌公主陈氏面对杨素和前夫徐德言既不敢笑又不敢哭的复杂心情的写照。后来人们沿用，并未脱离原诗“窠臼”，换言之，“不敢”或“两难”的意思并未由“非”或“不是”取而代之。试看：

（81）菱花半壁香尘污，往日繁华何处？旧欢新爱谁为主，啼笑两难分付。（秦观《淮海长短句》卷下《乐昌公主》）

（82）李将若得此人之力，真是笑啼俱不敢矣！可付一笑也。（朱熹《朱文公文集续集》卷二《答蔡季通》）

（83）恩受吴宫功在越，可怜笑啼两俱难。（赵翼《瓯北诗钞·七言律三·馆娃宫》）

（84）在人民原未知程序之为何，动遭指疵，几觉笑啼之皆罪。（梁启超《饮冰室文集》卷三十一《令高等审检厅长》）

从北宋、南宋到清末的用例都是遵乐昌公主诗之本意，它们都不能解释成“哭也不是，笑也不是”。由此可见，“啼笑皆非”之语源似不宜归之于“笑啼俱不敢”。

《庄子·知北游》之“新生之犊”作为“初生之犊”的出处

则可，作为“初生之犊不怕虎”的语源则不可。成玄英疏：“瞳焉，无知直视之貌。故，事也。心既虚夷，视亦平直，故如新生之犊，于事无求也。”可知“新生之犊”是“于事无求”，绝无“不怕虎”的含义。“初生之犊不怕虎”比喻年轻人胆大敢为，无所畏惧，这层意思从《知北游》中是找不到的。此语之源当另外寻求，其意盖本《淮南子·说林训》：

（85）乳狗之噬虎也，伏鸡之搏狸也，恩之所加，不量其力。意思是小狗咬老虎、小鸡抓狸猫，是由于幼稚而不晓利害。这里表达的意思正是“初生之犊不怕虎”。

2.2.3　字面略异而概念同中有异者，宜分源。

例之一：盖棺事定／盖棺论定　“盖棺事定”的出处旧《辞源》《辞海》均引《晋书·刘毅传》。《晋书》有两个刘毅，一在卷四十五，其人字仲雄；一在卷八十五，其人字希乐。据清·杨伦《杜诗镜铨》卷三《自京赴奉先县咏怀五百字》“盖棺事则已”注引《宋书》：“刘毅曰：‘大丈夫盖棺事乃定矣。’”可知说这话的应是东晋后期字希乐的那个刘毅。但是《晋书》两个刘毅传中都没有这话，而《宋书》则无刘毅传；清·严可均校辑之《全晋文》在卷三十五和卷一百四十一刘毅文中也都不见这话。近年出版的辞书大都持慎重态度，不再以讹承讹，但有的仍说“语本晋·刘毅说的‘丈夫儿踪迹不可寻常，使混群小中，盖棺事方定矣。’”

“打破砂锅问到底”：究竟刘毅这话见于何处？原来这话见于南宋魏怀忠（字仲举）编的《五百家注音辨昌黎先生文集》（这部文集刻于庆元六年，即公元1200年），在《同冠峡》一诗“盖棺事乃了”之下，注释者引韩醇曰：刘毅云云。可知刘毅的话是比魏怀忠略早，大约为绍兴至淳熙年间的韩醇所引述的。至于韩醇又本于何书，就不得而知了。

即使刘毅这段话的最早出处找到了，它也仍不是“盖棺事定”的语源。其语意可本于孔子说的一段话：

（86）子贡曰：“君子亦有休乎？”孔子曰：“阖棺兮乃止播兮，不知其时之易迁兮。故学而不已，阖棺乃止。”（《韩诗外传》卷八第二十三章）

阖，音hé，关闭，与“盖”同义；播，蟠的假借字，止息的意思，与“定”同义。“定”在这个成语中是止、已，终了的意思。《诗经·小雅·采薇》：“我戍未定，靡使归聘。”其“定”字就是这个意思。诗的大意是说：我服役还没有完结，也没个人给捎个家信。有人把这个“定”字解作“一定”，诗意曲解作“驻防地没有一定”，似不合原诗所表达的意思。“定”字得到确诂，即一通而百通：杜甫的“盖棺事则已”，韩愈的“盖棺事则了”，孔子的“阖棺乃止播”，其“已、了、播（蟠）”都是“定”的意思，孰为源，孰为流也就一清二楚了。

“盖棺论定”与“盖棺事定”仅“盖棺”二字相同，而“论定”与“事定”则迥然不同。“论定”是做出结论，其“定”是确定、肯定的意思，而非“止”义。由此可见，“盖棺论定”与“盖棺事定”是概念不同的两个成语，不宜混为一谈。“盖棺论定”比较后出，大概到了宋代才开始使用。试看：

（87）盖棺公论定，盛德合丰碑。（王十朋《王忠文公集》卷三十二《张阁学挽词二首（其二）》）

（88）公论盖棺应自定，犹言遗德在东嘉。（林景熙《霁山集》卷二《徐若翁》）

两例的“论”都是公论，“定”则是已经确定，不能改变。亦可不用“论”，而“定”字作“确定、作出决定”解的，如：

（89）盖棺始能定士之贤愚，临事始能见人之操守。（林逋《省心录》，《宝颜堂秘笈》本）

林逋（967—1028）是北宋诗人，其文所用之“定”含义已非“事定”的“定”。在材料不足的情况下，姑以林逋此例作“盖棺论定”的滥觞，似亦未尝不可。

例之二：挂羊头，卖狗肉／悬牛头，卖马脯两个成语的字面意思都是用好货充作幌子，实际兜售劣等货色。“挂羊头卖狗肉”多用来比喻假借好的名义，实际做坏事；语出禅宗语录：

（90）有般名利之徒，为人天师，悬羊头卖狗肉，坏后进初机，灭先圣洪范。（《五灯会元》卷十六《卫州元丰院清满禅师》）

“悬牛头卖马脯”多用来比喻当面一套，背后一套，表里不一，名实不相副；语源可溯至先秦时代：

（91）灵公好妇人而丈夫饰者，国人尽服之。公使吏禁之，曰：“女子而男子饰者，裂其衣，断其带。”裂衣断带，相望而不止。晏子见，公问曰：“寡人使吏禁女子而男子饰，裂断其衣带，相望而不止者，何也？”晏子对曰：“君使服之于内，而禁之于外，犹悬牛首于门，而卖马肉于内也。公何以不使内勿服，则外莫敢为也。”公曰：“善。”使内勿服，逾月而国莫之服。（《晏子春秋·内篇杂下·第一》）

后世本此，“马肉”多改作“马脯”，例如：

（92）悬牛头，卖马脯；盗跖行，孔子语。（晋·司马彪《后汉志》卷二十六，《百官三》梁·刘昭注引《决录注》）

（93）老成慎趋好，后生守淳鲁。岂效相谩欺，衒牛沽马脯。（宋·苏辙《栾城集》卷三《送柳子玉》）

例（92）用“悬牛头，卖马脯”作“盗跖行，孔子语”（此实污蔑之词）的比喻语，意思又有了发展；例（93）又从《决录注》的用意深化一步，意思是以牛肉做幌子，实际兜售马脯，是欺骗行为，故前一句说“岂效相谩欺”。后来的这些用法在意念上才跟“挂羊头卖狗肉”有了共性。故清·钱大昕在《恒言录》卷六“悬羊头卖狗肉”条下引《晏子春秋》和《决录注》之后说：“今俗语小变，以羊狗易牛马，意仍不异也。”其实，语言实际恐非如此。禅宗语录多来源于俗语，而俗语不一定与古语“一脉相承”，也可能是“殊源而异流”：从（92）（93）的用例可知是依循《晏子春秋》，语中用的是“牛、马”；如果依循禅宗语录，则语中一定是“羊、狗”，例如：

（94）闲看世态浇漓，卖狗悬羊，面是心非。（明·夏旸《葵轩词余·折桂令》，见《饮虹簃所刻曲》）

（95）非若异端之有权有实，悬羊头卖狗腿也。（清·王夫之《读四书大全说》卷四《论语学而篇·一》）

例（94）之“卖狗悬羊”即“挂羊头卖狗肉”的倒文和省略语；例（95）“狗腿”由“狗肉”变来，“腿”与“头”相对而言，应该说王夫之是善用成语的。无论怎样改变，“羊”与“狗”相对，“牛”与“马”相对，则是不能改变的，我们既不能说“挂牛头卖狗肉”，更不能说“悬羊头卖马脯”，显而易见，两语“泾渭分明”是不容交错互易的。

2.3　源流的辨证

寻源溯流的工作十分艰巨。我国古籍浩如烟海，一个人能接触到的材料毕竟有限，甚至集中上千人的力量，从上千种书籍中寻找语源，有的仍然发现不了，有的虽然发现了，多半是流而不是源。即使今后精密的电子计算机能够投入搜集古汉语的资料工作，其中大量的复杂的语言现象仍须靠人来搜集和辨识，最先进的电子计算机在它们面前仍将是无能为力的。由于我国古籍多有亡佚，致使一部分词语无源可寻。受到重重的限制，寻源溯流的工作要达到尽善尽美的地步，是非常困难的，也许是办不到的事情。但是，古汉语语文辞书如果切实做好“结合书证，重在溯源”的工作，哪怕一时源还溯不到，只记录下流变的例证，仍然是有用的，因为它可以当作“基础”，使后继者有所遵循，有进行比较的依据。经过一代人一代人的努力探寻，穷源溯流的工作一定会达到一个更高的水平。

2.3.1　要符合语言发展和运用的实际。

a. 源与流须有渊源关系。　源和流的关系，就一般情形来说，要以书证时代的早晚来确定孰为源孰为流，但也要看相互之间有没有渊源关系，如无渊源关系，仅是字面上的偶合就不宜当作源流处理。例如“前度刘郎”这个成语，很多辞书在处理上大同小异，或先引南朝·宋·刘义庆《幽明录》记刘晨、阮肇入天台山遇仙的故事，然后以刘禹锡《再游玄都观》诗为例；或者先引刘禹锡诗，然后指出刘诗“用刘晨、阮肇重到天台故事”。行文尽管不同，却都将刘晨、阮肇遇仙故事为“前度刘郎”的语源。现就刘禹锡诗与刘、阮故事二者之间究竟有无渊源关系，做一点分析。

刘禹锡《再游玄都观》诗之前有一段《引》，是这样说的："余贞元二十一年为屯田员外郎，时此观未有花。是岁出牧连州，寻贬朗州司马。居十年，召至京师。人人皆言有道士手植仙桃，满观如红霞。遂有前篇以志一时之事。旋又出牧，今十有四年，复为主客郎中。重游玄都，荡然无复一树，唯兔葵燕麦动摇于春风耳。因再题二十八字以俟后游。时大和二年三月。"贞元二十一年是公元 805 年，过了十年（居十年）是元和十年，即 814 年，这一年刘禹锡作《元和十年自朗州承召至京，戏赠看花诸君子》，其诗后两句说："玄都观里桃千树，尽是刘郎去后栽。"又过了十四年，即大和二年，公元 828 年，刘禹锡"重游玄都"作这首七言绝句。可见《再游玄都观》是承前一首诗而作，在前首诗中已然用了"刘郎"二字，与后一首所用的"刘郎"都是自称，并无用典和不用典的区别："前度"表示以前曾经来过一次，也即 814 年"玄都观里桃千树"那一次；头一次"尽是刘郎去后栽"，后一次"前度刘郎今又来"，遥相呼应，毫无刘禹锡以刘晨自况的意味。

再看刘义庆《幽明录》之刘、阮故事。所谓"重到天台山"，纯属后人"想当然"之辞，故事原文的结尾是："至晋太元（应为"太康"）八年，忽复去，不知何所。""不知何所"并不等于"重到天台"，"再度"的意思也就成了推测之辞。唯"刘阮二郎"在这个故事中凡两见，其"郎"字盖女子用来称所爱的男子，而刘禹锡是自称"刘郎"，并不含这层意思。

显而易见，"前度刘郎"这个成语是源于刘禹锡《再游玄都观》诗，自此诗问世以后才有人以"前度刘郎"为成语，在刘禹锡之前的南北朝以迄隋唐尚未发现有用此语者。然而“前度刘郎”虽源于刘禹锡诗，后世沿用时却多融进刘、阮故事，这也是事实。请看：

（96）凭谁寄语玄都观，前度刘郎不更来。（宋·楼钥《攻媿集》卷八《桃蹊》）

（97）前度刘郎重到，访邻寻里，同时歌舞，唯有旧来秋娘，声价如故。（宋·周邦彦《瑞龙吟》，见《词综》卷九）

（98）前度刘郎复阮郎，玄都观里醉红芳。（金·元好问《玄都观桃花》，见《元遗山诗集笺注》卷十）

（99）前度刘郎老矣，去年崔护来迟。红雨飞，西风起，望白衣可怜憔悴。节去蜂愁蝶未知，冷落似天台洞里。（元·张可久《双调·沉醉东风·九月九日见桃花》，见《太平乐府》卷二）

（100）唤得春来，又送春归去。浑无绪，刘郎前度，空记来时路。（宋·周紫芝《点绛唇·西池桃花落尽赋此》，见《词综》卷八）

（101）花影莺声句偶传，无端真得玉人怜。刘郎前度身犹在，杜牧三生事惘然。（陆嘉淑《芜城感旧》，见《清诗别裁》卷八）

（102）公子此时是“前度刘郎今又来”，也用不着那样害臊了。（《儿女英雄传》第二十四回）

例（96）（98）都有“玄都观”；例（102）径直引用刘禹锡诗句；例（99）以崔护对刘郎，例（101）以杜牧对刘郎，崔护、杜牧为唐人，刘郎当然不会是晋人，也只能指刘禹锡：以上各例均遵刘诗轨辙，显而易见。然而七个例证中除（96）外，竟有六个与刘、阮故事有关系。例（98）明带出“阮郎”，其“刘郎”自然只能是刘晨了；其他五个例子都是表示爱情的，例（100）之“空记来时路”，例（99）之“冷落似天台洞里”，例（101）之“无端真得玉人怜”都隐隐约约流露着刘、阮入天台山和女仙恋爱的意境。例（102）更是借刘禹锡现成诗句来描述安骥对十三妹的爱情。

总而言之，“前度刘郎”的语源出于刘禹锡之《再游玄都观》诗，刘义庆《幽明录》之刘、阮天台遇女仙的恋爱故事不应视为此语之源，只宜交代一下后世用这个成语多取意于刘、阮故事。

b. 考证不能仅凭推理。　我们读侦探小说或看破案报道，常常会遇到的一个成语是“蛛丝马迹”。人们对这个成语至今仍是“日用而不知”。新旧辞书此语都引用清·王家贲的《别雅序》：“而此书则又大开通同转假之门，泛滥浩博，几疑天下无字不可通用，而实则蛛丝马迹，原原本本，具在古书，学者特未肯究心及此耳。”从行文看，绝非此语之源，不过是个用例而已。

近来有人提出：“马迹之马很有可能是灶马”，引唐·段成式《酉阳杂俎》（前集·卷十七）为证。[①]《杂俎》原文是：“灶马，状如促织，稍大，脚长，好穴于灶侧。俗言灶有马，足食之兆。”虽然从中并不能得出“灶马的足迹”来，却满有理由地说：“蜘蛛于墙角、檐间结网，这里光线较暗，蛛丝纤细；灶马于灶旁活动，这里光线也阴暗，足爪留下的踪迹细微。两者大小相近，情况类似。这样同是细微的线索、迹象，在查究事情根源

① 见《中国语文通讯》1979年第3期《“蛛丝马迹”质疑》。

时，才用得着‘审谛’。这样整个成语的解释才合情入理，避免了牵强附会。”乍看之下，似也言之成理，然而仔细推敲，《酉阳杂俎》的书证并不能支持这个论点，单用一个“马”字指“灶马”提不出先例，“马迹”指“灶马的足迹”则更无实例足资征信。似不能仅因跟“蛛丝”比合以求类似而强认“马迹”为“灶马的足迹”，自以为这样才“避免了牵强附会”，其实适得其反。“马迹”自先秦以来就是常见的词语了，多跟“车辙、车轮”连用，例如：

（103）昔穆王欲肆其心，周行天下，将皆必有车辙马迹焉。（《穆天子传》，见《太平御览》卷七七三）

（104）天地间，人为贵。立君牧民，为之轨则。车辙马迹，经纬四极。（曹操《度关山》，见《乐府诗集》卷二十七）

（105）满目墙垣春草深，伤时伤事更伤心。车轮马迹今何在？十二玉楼无处寻。（韦庄《长安旧里》，见《全唐诗》卷六九九）

（106）今泾上车轮马迹犹在，史传具存，固非谬也。（《灵应传》，见《太平广记》卷四九二）

（107）长沙罗县，有屈原自投之川。山水明净，异于常处。民为立庙，在汨潭之西；岸侧盘石，马迹尚存。相传云：原投川之日，乘白骥而来。（《异苑》，引见《艺文类聚》卷七十九）

例（103）是说周穆王想周行天下，让自己所乘的车马在各地都留下痕迹，后世按迹寻踪，可以知道他的雄图伟绩，例（104）曹操诗即沿用其意；例（105）（106）或说“今……犹在”或说“今何在”，均有追寻痕迹的意思；例（107）之“马迹尚存”表示经历了很长时间之后仍存留着马足的痕迹，用来暗示人的经历之可按察。以上例证中的“马迹”已含着人的行为所遗留下来的痕迹的喻义。后来与“蛛丝”比合而成文，产生隐约可寻的线索和迹象的意思，也就是自然而然的了。更何况这个成语在形成的初期未必就用于比喻查究事情根源的不很明显的线索，而这层意思是后来才有的，比较早的用例却出现于堪舆书上，例如：

（108）一层一级名天梯，顶尖冲前有岩穴；伸颈犹如鸡乍啼，顶头有带下岩去。引到平处如蛛丝，欲断不断马迹过；东西隐显梭中丝，三吉之星总如此。（唐·杨筠松《撼龙经·统说·破军星·第七》）

（109）离宗断处多失脉，抛梭马迹蛛丝长；梭中自有丝不断，蜂腰过处多趋跄。（同上，《武曲星·第六》）

“蛛丝”用来指地脉连接不断，“马迹”则指地脉的“欲断不断”，其“马迹”非“灶马之足迹”则确凿无疑了。更有作“蛛丝马足”者，其“马”当然只能是牛马的“马”了：

（110）其遭蛛丝马足之厄者，穷劫迨今冀知其几。（元·明本述《天目中峰和尚广录》卷二十六）

蛛丝可以网罗小昆虫，马足可以践踏生物，故说“遭……之厄”。此亦可旁证“蛛丝马迹”之“马”必不是“灶马”而是哺乳动物的“马”。

2.3.2　出处要落实到书证上。　清·翟灏编的《通俗编》所收之成语或俗语，虽多指明出处，而有的出处却查无实证。如《时序》类下之“一年之计在于春”谓见梁元帝《纂要》，就查不到，不能落实到具体的书证上；又谓见娄元礼《田家杂占》，即可依循，但书名应作《田家五行·杂占·论气候》，见《广百川学海》之辛集。娄元礼是明代人，虽晚于梁元帝，其书证却可信据。

近年在中学生智力测验中有一个试题是："国家兴亡，匹夫有责"这话是谁说的？答案是：清代的顾炎武。顾亭林的著述极为丰富，除《亭林文集》六卷、余集一卷、诗集五卷外，还有《日知录》三十二卷、《天下郡国利病书》一百卷、《肇域志》一百卷，这还不包括《音学五书》三十八卷以及《菰中随笔》《岱岳记》《北平古今记》等二十多种计一百余卷。如此浩博的著作，这话究竟出在哪一种、哪一篇之中？

经过翻检，在上述顾炎武的著作中，均未发现八字成文的用例，只见到了如下的一段话：

（111）有亡国，有亡天下，亡国与亡天下奚辨？曰：易姓改号，谓之亡国；"仁义充塞而至于率兽食人，人将相食"谓之亡天下……保国者，其君其臣，肉食者谋之；保天下者，匹夫之贱，与有责焉耳矣！（《日知录》卷十三《正始》）

在这段话里，并没有"天下兴亡"的意思，特别是"兴"字，根本就没有。只最后一句可以紧缩为"保天下，匹夫有责"。近代梁启超对顾亭林的为人和学术思想推崇备至，他在1924年写的《中国近三百年学术史·六·清代经学之建设》[1]中介绍顾亭林时就引述了上面这段话；而且在他的文章中对所谓"天下兴亡，匹夫有责"一语曾多次引用，如：

---

① 见《饮冰室合集》专集之七十五。

（112）夫以数千年文明之中国，人民之众甲大地，而不免近于禽兽，其谁之耻欤？顾亭林曰：天下兴亡，匹夫之贱，与有责焉已耳！（《饮冰室合集·文集之一·变法通议·论幼学》）

（113）或亦同舟共艰，念厥孤愤，提倡保护，以成区区，则顾亭林所谓天下兴亡，匹夫之贱，与有责焉已耳！（同上，《文集之一·论报馆有益于国事》）

（114）今欲国耻之一洒，其在我辈之自新……夫我辈则多矣，欲尽人而自新，云胡可致？我勿问他人，问我而已。斯乃真顾亭林所谓天下兴亡，匹夫有责也。（同上，《文集之三十三·痛定罪言·三》）

例之（112）（113）都有"匹夫之贱，与有责焉"，显然是本《日知录·正始》（见例之111）。此两例之文均作于1896年；例（114）之《痛定罪言》是过了近二十年，亦即1915年所作，就径作"天下兴亡，匹夫有责"了，但仍将此语归于顾亭林名下。

至此，真相已然大白：按照语言发展运用的实际，"天下兴亡，匹夫有责"之语意是本于顾亭林《日知录·正始》；而八字成文的语型则出自梁启超《痛定罪言》。

2.3.3　尽量避免以流为源。　书证的时代是语源的标志之一。由于时代靠后的材料往往比时代早的材料容易发现，又由于前人一旦以某一书证为例，后人即辗转因袭，致使大量的成语存在着以流为源的错误。这个错误常常是很难改正的。下面举几个比较典型的例子，以见这个问题的一斑。

例之一：夜长梦多。　新旧辞书此语均用清·吕留良《家训真迹·二·谕大火帖》的书证。这只是举例，而不是引源，因为与吕留良同时甚至比吕略早的人也用了这个成语，例如：

（115）那皮气球好巧，得了妹妹口气，即时约金三老官行聘。恐怕夜长梦多走了消息，妹妹翻悔，挣不得这一注银子，遂急忙行了聘礼。（周清源《西湖二集》第十六卷《月下老错配本属前缘》）

（116）你就趁此时去做个了当，不要夜长梦多，又使他中变了。（李渔《十二种曲·凰求凤·堕计》）

吕留良（1629—1683）和李渔（1611—约1679）都是清初人，而李渔的生卒年比吕留良略早；周清源名楫，是明代末叶人，其所编撰之《西湖二集》大约刊行于崇祯年间（1628—1644），故周楫当比吕留良和李渔都早。然则《西湖二集》的书证仍不可能是“夜长梦多”的源；其源当更往上溯，试看：

（117）夜长梦反覆，百暝百到家。岁计晚未成，客愁与日加。（王令《客次寄王正叔》，见《王令集》卷六）

“夜长梦反覆”之“反覆”意思是多次重覆；一遍又一遍地进入梦境，当然也就“梦多”了。王令（1032—1059）是北宋诗人，与王安石同时。王令的用例虽未敢断定即“夜长梦多”之源，而时代却提前了近六百年，是不容忽视的。

例之二：丧心病狂。　实际上这个成语是由“丧心”和“病狂”比合而成；“丧心”见《左传·昭公二十五年》，“病狂”见《汉书》卷七十三《韦玄成传》。后来四字成文，新旧辞书多以《宋史·范如圭传》为其书证。其实，范如圭以“丧心病狂”指斥秦桧“忘仇辱国”，早在南宋初、中叶就已有人记叙其事了：

（118）公乃独手书抵桧，责以曲学倍师，忘仇辱国之罪，且曰：“公不丧心不病狂，奈何一旦为此？若不改图，

必且遗臭万世矣！”（朱熹《朱文公文集》卷八十九《直秘阁赠朝议大夫范公神道碑》）

（119）《国史·秦桧传》云：校书郎范如圭上桧书，责以曲学倍师，忘仇辱国之罪。且曰：“公不丧心病狂，奈何一旦为此？若不改图，必且遗臭万世。”（谢采伯《密斋笔记》卷一）

例（118）朱熹文作“不丧心不病狂”，证明此语实由“丧心”和“病狂”比合而成；例（119）谢采伯是据《国史·秦桧传》转引，其《国史》当为当时人记当代事，最为直截。总之，上面两个书证均比元人脱脱等修撰的《宋史》要早得多。四字成文的用例其实在范如圭之前就有了，如：

（120）譬如病狂丧心之人，越行妄作而不顾，是果何益哉！（张耒《柯山集》卷三十二《本治论下》）

（121）人之情非病风丧心未有避赏而就刑者。（苏洵《嘉祐集》卷十《谏论下》）

两例都是“丧心病狂”的倒文，例（121）之“病风”义同“病狂”。此类情况，考源时应予注意。

例之三：打草惊蛇。　此语的出典近年来出版的辞书多落实到宋·郑文宝《南唐近事》：“王鲁为当涂宰，渎物为务，会部民连状诉主簿贪，鲁乃判曰：‘汝虽打草，吾已蛇惊。’”（据《类说》卷二十一）既非四字成文，动宾结构的“惊蛇”又作主谓结构“蛇惊”，而且又有故实，作为“打草惊蛇”的语源似乎毫无问题了。殊不知在南唐之前就已有四字成文的用例了：

（122）龙云：“养子代老。”慈云：“打草惊蛇。”（南唐·招庆寺静·筠二禅德编录《祖堂集》卷七《雪峰和

尚》，日本中文出版社据花园大学图书馆藏高丽覆刻本影印，1974年12月再版）

就书证而言，《祖堂集》的编者是南唐人，而《南唐近事》的撰述人则为北宋人；就反映的说话人而言，雪峰和尚是唐朝会昌、大中年间人，而王鲁是南唐人，雪峰比王鲁大约早一百年。可见《祖堂集》在前，《南唐近事》在后；慈和尚说这话在前，王鲁说这话在后。“打草惊蛇”的语源非出《南唐近事》，应属确凿无疑了。

2.3.4 引源和书证的辨伪存真。 伪书的问题很复杂，成语的溯源，伪书不能不加以利用，尤其是那些时代较早的伪书，用来作书证，其价值是不可低估的。因此，伪书须利用，但在引用时，应做必要的辨伪工作，特别要在时代、作者和版本等方面作扼要的辨证。

例之一：树倒猢狲散。 新旧辞书均引宋·庞元英《谈薮》。内容叙述曹咏依附秦桧，其妻兄厉德斯阻谏，曹咏不纳。秦桧死后厉德斯致书曹咏，打开一看，里面是《树倒猢狲散赋》一篇。庞元英是北宋元丰时人，秦桧是南宋绍兴年间人，且《谈薮》多述宁宗、理宗两朝事，相距一百余年，即使照余嘉锡承陈景云说，以为“未必便是伪书”，宋·庞元英的名字亦不当径著于《谈薮》之下。

例之二：点石成金。 此语之源旧《辞源》引《列仙传》：“许逊，南昌人，晋初为旌阳令，点石化金，以足逋数。”《列仙传》旧题汉·刘向撰，余嘉锡考证，谓“此书盖明帝以后顺帝以前人之所作也。”即以为后汉人所作，其书亦不可能出现晋人许逊。原来旧《辞源》所谓之《列仙传》实乃明人王世贞编次之

《列仙全传》，许逊事即载该书卷四，原文作："岁饥，民无以输租，真君乃以灵丹点瓦砾成金。"

2.3.5 源流求索之难与不难。

a. 上溯不难而下溯难。 有些成语，虽然含有典故，但由于经常使用，人们往往无须借助辞书就能道出其出处来，例如"狐假虎威、刻舟求剑、滥竽充数、世外桃源、叶公好龙、夜郎自大、扑朔迷离、朝三暮四、疾风知劲草、黔驴之技、胸有成竹"等，这一类成语的溯源不难；倒是后世发展衍变为不同的含义和用法，举出时代较早的四字成文的例证来，有时甚为困难。翻开现有的辞书，想了解"世外桃源、扑朔迷离"的用例，哪怕是能见到明、清时代的也好，恐怕不免会大失所望！

有些成语之源经过前人的考证，也已不成问题，如"患得患失"，语出《论语·阳货》："鄙夫可与事君也与哉？其未得之也，患得之；既得之，患失之。苟患失之，无所不至矣。"原文之"患得之"本当作"患不得之"，经前人考证，已指出下列例证：

（123）孔子曰："君子，其未得也，则乐其意；既已得之，又乐其治。是以有终身之乐，无一日之忧。小人者，其未得也，则忧不得；既已得之，又恐失之。是以有终身之忧，无一日之乐也。"（《荀子·子道》，《说苑·杂言》文字大同小异）

（124）孔子病夫未之得也，患不得之；既得之，患失之者。（《潜夫论·爱日》）

（125）其贤于世之患不得之而患失之者以济其生之欲、贪邪而亡道以表其身者，其亦远矣。（韩愈《昌黎集》

卷十二《圬者王承福传》）

例（123）《荀子》《说苑》引孔子语，虽述意，“得”字之上都有“不”字；例（124）东汉王符所据《论语》“患得之”作“患不得之”；例（125）从唐代韩愈的这样用法，可以推知唐人沿用仍有“不”字。只是到了北宋，《论语》的本子才脱一“不”字。沈作喆《寓简》：“东坡解云：‘患得之’当作‘患不得之’。”足征宋人所见之《论语》已如今本。了解这个情况对“患得患失”的溯流是有指导作用的，它告诉我们四字成文的用例只能出现于宋代或宋代以后，而不可能出现于唐代。《辞源》修订本采用明代王守仁《王文成公全书》卷二十五《徐昌国墓志》的书证，可推断明人用“患得患失”已非绝无仅有，早于王守仁的用例有：

（126）其有同流合污以为通，矫时干誉以为高，患得患失以终其身者，此吾所深恶，非所望于汝也。（贝琼《清江文集》卷三十《故福建儒学副提举王公墓志铭》）

（127）太祖尝曰：“论道经邦，辅弼之臣；折冲御侮，将帅之职……必国尔忘家，公尔忘私，方可任之。不然，患得患失之徒，将何所赖也？”（余继登《典故纪闻》卷一）

贝琼（1314—1378）是元末明初人，余继登是明万历五年（1577）进士，而王守仁（1472—1528）则是弘治、正德年间人。贝琼比王守仁早一百五十年；余继登虽略晚于王守仁，但其书该段引文却是明太祖朱元璋的话，其书证的价值仍高于《王文成公全书》。

尽管贝琼或余继登的书证时代提前了一百余年，毕竟还是明人的用例，距离《论语》本子中的“患得之”脱一“不”字的北宋时期达三百余年，中间这三百多年不可能是“空白”的，试填补一例：

（128）人生真幻戏，归尽同蝼蚁：贪夫患得失，达者今无几。（章甫《自鸣集》卷一《秋雨未已，客怀不佳……》，见豫章丛书《九宋人集》）

受五言诗字数限制而省一“患”字，仍须看作“患得患失”。宋代有两个章甫，其一为北宋人，字端叔，熙宁三年进士，著有《孟子解义》十四卷；其一为南宋人，字冠之，与陆游、吕祖谦等人有唱和之作，其《自鸣集》六卷，系从《永乐大典》辑集而成。据此可知南宋时的章甫距离北宋时的苏轼几近百年，虽比明代的贝琼早二百多年，仍有一百年的“空白”须要继续向前发掘；一旦在北宋的著作中发现四字成文的用例，这一个成语的源流考证工作就可算得上止于至善了。

b. 上溯难而下溯不难。　另一部分成语情形跟上面说的恰恰相反，往上溯其源真可谓戛戛乎共难，而往下溯找个例证却用不着“踏破铁鞋”。试看：

例之一：守口如瓶。　旧《辞源》引宋·周密《癸辛杂识》（别集·卷下），《辞源》修订本改引晁说之《晁氏客语》。内容同为记叙富郑公（弼）以“守口如瓶，防意如城”为座右铭，而周密（1232—1298）是南宋人，晁说之（1059—1129）是北宋人，可见后来居上。旧《辞海》引朱子《敬斋箴》，而《敬斋箴》并非书名，且朱熹有两篇《敬斋箴》：

（129）战战兢兢，罔敢或易；守口如瓶，防意如城。（《朱文公文集》卷八十五）

（130）守口如瓶，是言语不乱出；防意如城，是恐为外所

诱。（《朱子语类》卷一百〇五）

朱熹（1130—1200）比周密早近百年，却比富弼（1004—1083）晚一百余年，就是比晁说之也晚七十年。这些情况在探求源流时都须要考较鉴别的。

从上面几个书证可知，富弼的时代为最早，然而富弼却是用现成的话当作自己的座右铭，所以“守口如瓶”其源盖不始于富弼，是显而易见的。《辞源》修订本有了突破，语源改用唐·道世《诸经要集·九·择交部·惩过》引《维摩经》。按：同为道世所撰之《法苑珠林》卷四十七《惩过篇·引证部》引《维摩经》亦见“防意如城，守口如瓶”之语。《法苑珠林》比较易得，有《四部丛刊初编》本，宜从。当然，最理想的做法还是直接从《维摩经》中查获，径引经文，标明卷数。

例之二：瓜熟蒂落。　这个成语首先由清·翟灏在《通俗编·草木》中指出见《云笈七签》的。现已查到此语在该书卷五十六之《元气论》中；从行文之“喻瓜熟蒂落，啐啄同时”，可断此语之源必不始于北宋·张君房所辑之《云笈七签》。北宋人用此语的例证还有：

（131）瓜烂蒂落，缘熟可知；蜜就花存，因成敢昧。（李之仪《姑溪居士文集》卷四十四《请祖灯禅师住院》）

李之仪似乎是从现成的禅宗语录中掇拾而成文的。足征此语之源还须往上溯：

（132）蔓草是藉，密叶是蔽，潜湫独熟，堕茎落蒂。（南朝·梁·张缵《瓜赋》，见《艺文类聚》卷八十七）

文中明有“熟、落、蒂”三字，“瓜”字却是暗含着。这个书证亦不过聊备一格，时代虽较早，却不像是《云笈七签》和李之仪所角之“瓜熟蒂落”的源头。即此一端，可见语源往上溯之难。

c. 上溯难下溯更难。　这是成语中的“老、大、难”，数量虽不多，解决却极为困难。比如“藏龙卧虎、过江之鲫、炉火纯青、阮囊羞涩、不同凡响、故步自封、一针见血”等等。

“藏龙卧虎”有以北周·庾信《同会河阳公新造山池，聊得寓目》：“暗石疑藏虎，盘根似卧龙”为源者。虽字面上前句有“藏虎”，后句有“卧龙”，但原意是形容假山上的石木，跟“藏龙卧虎”的比喻义（潜藏着各类人才）了不相涉。其源当另有所本，就是比喻义的用例亦极难征引。

再谈“阮囊羞涩”。此语有引宋·阴时夫《韵府群玉·阳韵》“一钱囊”者。《韵府群玉》是类书，而类书是供查考用的第二手材料，多不能用作语源的根据。类书如能用作语源的根据，那末早于阴时夫的吕祖谦在其《诗律武库后集》卷三《俭约门》即已著录此语的故实。就四字成文用例而言，历来多见“囊空羞涩、客囊羞涩、宦囊羞涩”等，却罕见“阮囊羞涩”。由此可见，这类成语是上下两难求索的。

2.4　某些成语之源须要交代构成这个成语的两个或一个组成部分的词语之源。

2.4.1　由两个语源组成。

a. 两个语源各自独立成语，可以单独使用；如不明其分源而合流的历史情况，则容易误认为语源单出。比较明显易于分源对待的，如：

结草衔环。结草见《左传·宣公十五年》，衔环见《后汉书·杨震传》李贤等注引《续齐谐记》。

吮痈舐痔　吮痈见《史记·佞幸传（邓通）》，舐痔见

《庄子·列御寇》。

下面分析两个不易分源对待的例子：

攀辕卧辙。此语或以为源单出《后汉书·侯霸传》，四字成文则以类书《白孔六帖》卷七十七“（侯霸）被征，百姓攀辕卧辙不许去”为证，这是不确的。侯霸传原文是：“百姓号呼哭泣，遮使者，或当道卧”，“当道卧”也即“卧辙”，“遮使者”却不等于“攀辕”。“攀辕”另有所本：

（133）（伦）为事征，百姓攀辕扣马呼曰：“舍我何之？……”其得民心如此。（《东观汉记》卷十八《第五伦传》）

《后汉书》卷四十一“攀辕”作“攀车”，义同，故四字成文用例亦有作“攀车卧辙”者（见《文选》沈约《齐故安陆昭王碑文》）。“攀辕”和“卧辙”都可以单独使用，如：

（134）巴郡严（一作“庄”）王思为扬州刺史，惠爱在民，每当迁官，吏民塞路攀辕，诏遂留之。（晋·常璩《华阳国志》卷一《巴志》）

（135）去任之时，大有遮留之请，尽三属县至万余人不放，即途皆来卧辙。（唐·李商隐《为安平公兖州谢上表》，见《文苑英华》卷五百八十六）

有的辞书只收“卧辙”而不收“攀辕”，盖由不明后者的语源和能够单独使用所致。

卧薪尝胆。有的辞书由于“卧薪事不知所出”而不收“卧薪”；有的辞书指出《史记·越王勾践世家》只有尝胆事，苏轼《拟孙权答曹操书》才有“卧薪尝胆”的话。两说都有缺陷。首先，“卧薪”应立条，并有两种意思：其一，比喻处在危险的境地。语本汉·贾谊《新书·数宁》:“夫抱火厝之积薪之下,而寝其上,火未及燃,因谓之安。”“卧薪”即由“寝薪”衍变而来。南朝梁武帝(萧衍)即屡用“卧薪”:“岂可卧薪引火,坐观倾覆”(《移京邑檄》)、“匡救无术,卧薪待然”(《即位告天文》);南朝陈·徐陵亦用之:“卧薪待火,方此弗危”(梁贞阳侯重与王太尉书)。“卧薪”亦作“坐薪”,如李商隐《为濮阳公檄刘稹文》、(见《文苑英华》卷六百四十六):“望此用人,由兹保族,是亦坐薪言泰,巢幕云安。”其二,即“卧薪尝胆”的“卧薪”,与“尝胆”的比喻义相同,也可以单用,如:

(136)韩仇未报薪当卧,汉贼犹存铗谩弹。(华岳《翠微南征录》卷七《狱中作》)

(137)卧薪自厉,谁为勾践之盛心。(岳珂《上吴畏斋荆帅启》,见《南宋文范》外编卷二)

(138)苎罗山女入宫新……隔江还有卧薪人。(林景熙《霁山集》卷二《馆娃宫》)

三个例证都出于南宋人之手;例(136)“薪当卧”,即“当卧薪”的倒文;例(137)(138)均跟句践刻苦自励、立志复仇事联系起来。宋人既单用“卧薪”,也常用“卧薪尝胆”指明为勾践之事,如:

(139)直欲陛下如兴王之始奋,徒手而运掉一世,则必思坐卧仰薪,饮食尝胆,真如越王勾践可也。(袁甫《蒙斋集》卷四《戊戌风变拟应诏封事》)

(140)越王勾践困辱于会稽之栖,卧薪尝胆十有八年,未尝汲汲于兵以求快意。(华岳《翠微北征录》卷三《治安药石·军国大计和议》)

（141）愿陛下精思熟虑，约己爱民，必如勾践之卧薪尝胆。（《宋史》卷四百一十三《赵必愿传》）

似乎是南宋人才把“卧薪”事加在勾践身上。

这里顺便指出，“卧薪尝胆”的话不始于苏轼《拟孙权答曹操书》。苏轼的另一篇文章《富郑公神道碑》亦用了这个成语：

（142）亦愿陛下思夷狄轻侮中原之耻，卧薪尝胆，不忘修政。（《苏东坡集》卷三十七）

上面这段文字并非苏轼的原话，而是引用比苏轼略早的富弼的话，这话出自富弼《辞枢密副使》，见《皇朝文鉴》卷四十五，不过，“卧”作“坐”字；此外，宋·赵善璙《自警篇·德望》、宋·邵伯温《河南邵氏闻见前录》卷九之一、宋·罗从彦《豫章文集》卷六《遵尧录·六·富弼》、宋·王称《东都事略》卷六十八和《宋史》卷三百一十三《富弼本传》，引富弼这段话，也一概作“坐薪尝胆”，可知苏轼在作《富郑公神道碑》时是将富弼原文之“坐”改为“卧”的。显而易见，“卧薪尝胆”的话应该归在富弼名下，如一定执著“卧”字，书证则应取《富郑公神道碑》才见妥帖。

b. 两个语源通常不能各自独立成语，只有结合在一起才能表达一个概念。

例之一：兰茵絮果。　兰因，语意本于《左传·宣公三年》：“郑文公有贱妾曰燕姞，梦天使与己兰，曰：‘……以是为而子，以兰有国香，人服媚之如是。’既而……生穆公，名之曰兰。”絮果，语意或本于苏轼《水龙吟·次韵章质夫〈杨花词〉》：“似花还似非花，也无人惜从教坠……细看来、不是杨花，点点是离人泪。”杨花，即柳絮，以柳絮的随风飘散坠落，来比喻人生离散的不幸。宋·李南金《贺新郎·感怀》（见《全宋词》二八五七页）：“君看取、落花飞絮。……有因风、飘坠随尘土。人世事，总无据。”说得就更明确一些。以上书证，字面上毕竟只有“兰”和“絮”，而无“因”和“果”，后来用“兰因絮果”比喻婚姻遭际以美满的结合而开始，却以不幸的离散而终结。因查不到“兰因”和“絮果”各自独立使用的较早例证，其发展衍变情形迄今仍摸不透，四字成文的例证可举两个：

（143）于时角彩寻欢，缠绵徊曙，宁复知风流云散，遂有今日乎？……去则弱絮风中，住则幽兰霜里，兰因絮果，现业维深。（清·张潮辑《虞初新志》卷一《小青传》）

（144）休比那病瑶芳先醒梦南柯，权抵做小姮娥把软红抛躲。说甚是兰因絮果？（清·吴镐《红楼梦散套·第十四·冥升·水红花》，见阿英编《红楼梦戏曲集》四七三页，中华书局，1978年）

例之二：九牛二虎之力。　“九牛”见《列子·仲尼》：“吾之力者能裂犀兕之革，曳九牛之尾。”“二虎”，本《战国策·秦二·楚绝齐齐举兵伐楚》（亦见《史记》卷七十《陈轸传》）卞庄子刺两虎事。“九牛之力”后人尚有用者，如：

（145）戍生诸梁，字子高，有五虎之威，九牛之力。（梁·沈麟士《沈氏述祖德碑》，见严可均辑《全梁文》卷四十引《湖录金石考》四）

“二虎之力”却未见有人用过。后来用“九牛二虎之力”一是形容人的力气大，较早的例证见于元代郑德辉《三战吕布》第三折；二是比喻很大的力量，这种用法出现较晚，一般用作“费”

的补语，例如：

（146）后来又费九牛二虎之力，把个戒烟会保住，依旧做他的买卖。（《官场现形记》第二十一回）

（147）那时我恰好在扬州有事，知道闹出这个乱子，便一面打电报给他，一面代他排解，费了九牛二虎之力，把这件事弄妥了，未曾涉讼。（《二十年目睹之怪现状》第七十七回）

这种比喻用法就更不能拆开单用“九牛之力”或“二虎之力”了。

2.4.2 由两个词源组合而成。 这类成语应排除那些临时组合成为四字格者。比较常见的须视为成语者，如：

穿凿傅会。“穿凿”见《汉书》卷二十二《礼乐志》王吉疏；“傅会”见《史记》卷一百〇一《袁盎晁错传赞》。到了宋代才出现四字成文的用例。

光怪陆离。“光怪”见《三国志》卷四十六《孙坚传》裴松之注引《吴书》；“陆离”见屈原《离骚》（《文选》卷三十二）。到了清代才出现四字成文的用例。

老成持重。“老成”见《诗经·大雅·荡》；“持重”见《汉书》卷七十三《韦玄成传》。到了宋代才出现四字成文的用例。

同仇敌忾。“同仇”见《诗经·秦风·无衣》；“敌忾”见《左传·文公四年》。到了清代才出现四字成文的用例。

2.4.3 由一个词语之源构成。有些成语是由两个字的词语拓展而成，因而对这类成语的溯源要从两个字的词语入手：否则，就会逐其流而舍其源。如：

狼烟四起。“狼烟”见唐·段成式《酉阳杂俎》卷十六《广动植·毛篇》："狼粪烟直上，烽火用之。"清·孔尚任《桃花扇·第三十四出·截矶》有"狼烟四起"的用法。

如数家珍。"家珍"见《韩诗外传》卷一第十九章："仲尼去鲁，送之不出鲁郊，赠之不与家珍。"近代文学家陈衍《石遗室诗话》卷三十《林雪舟》有"如数家珍"的用法。

弹冠相庆。"弹冠"见《汉书》卷七十二《王吉传》（不本屈原《渔父》之"新沐者必弹冠"）。宋·苏洵《嘉祐集》卷八《管仲论》才有"弹冠相庆"的用法。

叹为观止。"观止"见《左传·襄公二十九年》（又见《史记·吴太伯世家》）。这个成语的型式多有变化，或者作"叹观止矣"，或者作"观止之叹"，又多径作"观止矣"。

本章谈成语的源流，主要是从以下三个方面提出了一些问题和看法：

其一，溯源基本上有两个途径，一是从语义的角度，一是从字面的角度。从语义角度溯源应注意字面上有无渊源关系，注意是否合乎历史的发展和事实上的合理性，避免牵强附会；从字面的角度溯源，应注意千差万别的异文。无论是采取哪一种方式溯源，最终归宿是要将成语落实到可靠的书证之上。

其二，辨证源流的发展衍变，必须去伪存真，避虚务实，切忌发生本末倒置、以流为源的错误。

其三，整个成语和构成这个成语的两个或一个词语之间的源流关系。有的成语如不交代构成成分的词语之源，整个成语也就成了无源之水、无本之木，这样的成语就更有必要首先交代构成成分的词语之源。

第三章　成语的意义和读音

3.1　成语的字面意义。　每个成语都有字面意义，字面意义是成语的基础，其引申义、比喻义都凭借这个基础孳衍产生。比如“风卷残云”其字面意义是“风刮走了残余的云彩”，其比喻义“一下子消灭干净”就是在上述字面意义的基础之上产生的。

有一部分成语仅有字面意义，从字面上就可以获得理解，例如：

力不从心：心里想完成某件事可是力量达不到。

事与愿违：事情的发展或结局与主观愿望相违背。

事过境迁：事情过去了，客观环境也改变了。

外强中干：外表似乎很强壮，实际却很虚弱。

义正辞严：道理正当，措词庄严。

志大才疏：志向很大，才力微薄。

上面这些成语的注文几乎等于依照字面串讲，并无什么深文奥义。有一定文化水平的读者，对于它们往往不是求其释义，而是求其源流例证。

另有一些成语，虽然主要也是字面上的意思，但是，由于存在理解上的某种障碍，则需要作适当的补充解释，或者直接在注文中点出题外的话。例如：

年高德劭：年纪大，品德好（劭：美好）。

恃才傲物：凭借才能而骄傲自大，轻视别人（物：众人）。

适得其反：结果与愿望正好相反。

习焉不察：习惯于某种事物而觉察不到其中的问题。

求之不得：追求而得不到；想找都找不到。

前二例都需要括注其中的难字，以助理解；例三之“结果与愿望”，例四之“其中的问题”，都是字面上没有的东西，却又都是必不可少的；最后一例比较复杂，因用法不同而字面意思也有所不同。试看：

（148）窈窕淑女，寤寐求之；求之不得，寤寐思服。（《诗经·周南·关雎》）

（149）学者，所以求为君子也，求而不得者有矣夫，未有不求而得之者也。（《杨子法言·学行》）

（150）鼎镬甘如饴，求之不可得。（宋·文天祥《文山先生全集》卷十四《指南后录·正气歌》）

（151）古人说得好：人心不足蛇吞象。当初贫困之日，低门扳高，求之不得；如今掘藏发迹，反嫌好道歉起来。（《警世通言》卷二十五《桂员外途穷忏悔》）

（152）[柳氏]说道：“我儿，爹娘为将你许错了对头，一向愁烦。喜得男家愿退，许了一万个利市，求之不得。”（《醒世恒言》卷九《陈多寿生死夫妻》）

例（148）（149）之“求之不得”和“求而不得”都是追求而得不到的意思；例（150）（151）字面意思是想找都找不到，却又含蓄着“希求某种事物或结局而唯恐不能如愿以偿”的意味；例（152）是用于意外地实现了某种愿望，连同前面二例都接近于“巴不能够”或“巴不得”加“实现”。这些含义和用法上的差异，如单从字面串释，是反映不出来的。

3.2 成语的引申义。 有些成语虽然可以从字面上理解，却又不可止于停留在字面上，还应该深入一步，阐发其引申义。例如：

不亢不卑：既不高傲，也不自卑。

粗茶淡饭：简单的、不讲究的饮食。

亲痛仇快：亲人痛心，仇人高兴。

夜以继日：日夜不停。

义不容辞：道义上不允许推辞。

这五个成语都仅是从字面上诠释，其深度是不够的。“不亢不卑”还应指出：对人采取的态度正当而适中，或措辞很有分寸；“粗茶淡饭”还应补注：指简朴的、清苦的生活；“亲痛仇快”还应补注：指行为违背正义，敌我不分；“夜以继日”之注太泛，容易误解，如说“大雨如注，日夜不停”“机器运转，日夜不停”，学生造句就容易误用“夜以继日”。或释为：“用晚上的时间接上白天。白天不够用，夜晚接着干”，就比“日夜不停”略好；似仍可补注：多用于学习、工作或致力于某件事而勤奋不懈。

3.3 成语的比喻义。 凡是不能直接从字面上理解的成语，大都有比喻义；有些成语虽然可以从字面上理解，但是已然脱离了字面上的具体内容而发展衍变为更具抽象性和概括性的意义，除可是引申义外，也多是比喻义。

3.3.1 须明故实方能把握比喻义的成语。 这是汉语中最为典型、含义最为丰富、形象化最强、最不易于翻译成其他种语言的成语。姑取几个例证以管窥一斑。

例之一：叶公好龙。　语本《庄子》逸文，见《艺文类聚》卷九十六和《太平御览》卷三八九、四七五、九二九；汉·刘向《新序·杂事》亦载此事，当系迻录。此语盖有两种比喻义，其一为“比喻爱好某种事物，只从名义上追求，却不想接触实际，甚至害怕接触实际”。例如：

（153）帝（肃宗）雅好文章，自见骃颂（指《四巡颂》）后，常嗟叹之，谓侍中窦宪曰：“卿宁知崔骃乎？”对曰：“班固数为臣说之，然未见也。”帝曰：“公爱班固而忽崔骃，此叶公之好龙也。试请见之。”（《后汉书·卷五十二·崔骃传》）

（154）盖鉴识不明，嗜爱多僻，悦夫似史而憎夫真史，此子张所以致讥于鲁侯，有叶公好龙之喻也。（唐·刘知几《史通·模拟》）

其二为“爱好某种事物的心意迫切（而发生感召作用）”，例如：

（155）昔者齐桓公尊九九之人，而有道之士归之；越王敬螳螂之怒，而勇士死之；叶公好龙而龙为暴下，物之所征，固不须顷。（《古列女传》卷六《齐孤逐女》）

（156）昔叶公好龙而真龙见，燕昭市骨而骏足至。明公以旰食待士，岂患海内无人。（《南史》卷三十三《郑鲜之传》）

（157）异史氏曰：物莫不聚于所好，故叶公好龙，则真龙入室；而况学士之于良友，贤君之于良臣乎！（《聊斋志异》卷六《鸽异》）

从汉代到清代都有这种比喻义的用例，可是在辞书中却没有反映。这个比喻义现在虽罕见使用，但在历史上却延续使用了一千七百余年，大型辞书是应该记录的。

例之二：天衣无缝。　此语之源许多辞书都引五代十国时前蜀·牛峤之《灵怪录》(《太平广记》卷六十八《郭翰》引出《灵怪集》)，这是不确的。因为在唐代甚至南北朝时就已有近似的说法了，例如：

(158) 郢人斤斫无痕迹，仙人衣裳弃刀尺。(刘禹锡《刘宾客文集》卷三十一《翰林白二十二学士见寄一百篇，因以答贶》)

(159) 绰约离尘世，从容上太清；云衣无绽日，鹤驾没遥程。(李复言《续玄怪录》，见《太平广记》卷六十八《杨敬真》)

(160) 霞衣不待缝，云锦不须织。(沈约《和刘中书仙诗》，见《艺文类聚》卷七十八)

刘禹锡比牛峤早一百余年，其诗之"仙人衣裳"亦即"天衣"，"弃刀尺"是说不用刀尺剪裁缝制，这样的衣裳当然是"无缝"的，这层意思肯定不会本于牛峤的《灵怪录》；李复言也是唐人，时代早于牛峤，其文之"云衣"也即"天衣""无绽"就是没有裂缝，其用意亦不本《灵怪录》；沈约是南朝梁文学家，比牛峤早四百多年，其诗之"霞衣"自然也就是"天衣"，"不待缝"也正与《灵怪录》中仙女所谓"天衣，本非针线为也"意思相合，其诗不本于《灵怪录》更是毋庸置疑了。

那末，在沈约之前此语出自何处呢？请看：

(161) 西荒有一人不读五经而意合，不观天文而心通，不诵礼律而精当，天赐其衣，男朱衣缟带委皃冠，女碧衣戴金胜，皆无缝。(《神异经》，见《太平御览》卷

六九〇）

《神异经》旧本题汉·东方朔撰，虽系伪书，经余嘉锡考证，“实后汉人所作”[①]。这段引文前有“天赐其衣”，可得出“天衣”二字，后又有“无缝”二字，合在一起即“天衣无缝”。

弄清了语源，再谈其比喻义。前面所举之例（158）（160）用的正是比喻义，刘禹锡用“仙人弃刀尺”称誉白学士写的诗完美；沈约用“霞衣不待缝”称誉刘中书的仙诗浑然天成，没有雕琢痕迹。四字成文的比喻义用例如：

（162）对偶之佳者，如“数点雨声风约住，一枝花影月移来”……数联皆天衣无缝，妙合自然。（宋·周密《浩然斋雅谈》卷中）

例之三：胸有成竹（成竹在胸）。 这个成语是不可径直照字面翻译的，过去就曾有个外国人把它翻译成“肚子里有长成了的竹子”，闹出笑话，可见望文生训是一大忌。如能明出处，就可避免望文生训的弊病。

此语之出处，一见《苏东坡集》卷三十二《文与可画筼筜谷偃竹记》：“故画竹，必先得成竹于胸中”，一见晁补之《鸡肋集》卷八《赠文潜甥杨克一学文与可画竹求诗》：“与可画竹时，胸中有成竹”。都是说文与可画竹动笔之前心中先有了一幅竹子的形象。字面上的障碍排除了，自然就不致发生误解。比喻做事之前已有定见或成算也就易于把握。试举两个喻义用例：

（163）今蒙宋老诗翁以风筝赐教，胸中必有成竹，何不亦赋一律，以定风雅之宗。（清·无名氏《平山冷燕》

① 见《四库提要辨证》第一一二八页，中华书局，1980年。

第六回）

（164）其可以有济于民处何在呢？先生必有成竹在胸，何妨赐教一二呢？（晚清·刘鹗《老残游记》第六回）

这类比喻义的用例在一般辞书中往往求之不得，称引时代靠前的喻义书证，其作用也是不可低估的。

3.3.2 以字面意义作比而产生比喻义的成语。 这类成语，其意义是由一个具体而形象化的事物或事理扩大到一类抽象的事物或事理之上从而出现比喻义。这类成语所占的比重较大。试分析几例。

例之一：狐埋狐搰。 这本是谚语，出《国语·吴语》："狐埋之而狐搰之，是以无成功。""搰"音hú，是发、掘的意思。明白了"搰"的意思，再了解狐狸的生活习性，这个成语就不难于理解了。狐狸多疑，当它捉到小动物，先埋藏起来，以备食用，随后又刨开，看看失掉没有。因此就用此语比喻疑虑过多，不能成事。例如：

（165）若三姐固钟情于湘莲，及狐埋狐搰，乃遂刎颈见志，是更情之至也。（晚清·朱作霖《红楼文库》，引自《红楼梦卷》第一六二页，中华书局，1963年）

这里用"狐埋狐搰"来喻柳湘莲之疑虑过多，以致婚事不成，断送了尤三姐。

例之二：明日黄花。 此语既见苏轼《九日次韵王巩》诗（见《苏东坡集》卷十），又见于苏轼《南乡子·重九涵浑楼呈徐君猷》词（见《东坡乐府》卷上），其末句都是："明日黄花蝶也愁"。明日，指重阳节的次日，即阴历九月十日；黄花，即菊花。虽然黄花就是菊花，在成语中却不得说"菊花"，而只能说

"黄花"。原来的意思是：重阳一过，黄花即要枯萎，便没有什么可赏玩的了。用来比喻过时的、失去应时作用的事物，其用例在清代以前尚未发现，似乎到了民国以后才出现，如：

（166）拟先呈先生批阅，则恐久稽时日，将成明日黄花，因此急急付邮。（许广平《两地书·北京·七》）

这里用"明日黄花"比喻过时的新闻报道。

例之三：开门揖盗。　这个成语与例之一、二有所不同。"狐埋狐搰"须要排除字面上的障碍（"搰"字），以利于理解；"明日黄花"则须结合出处从字面上讲清"明日"和"黄花"的特定含义：两个成语都不必从字面上下定义。"开门揖盗"宜于先就字面下定义：打开大门请强盗进来。其所以宜于如此处理，在于此语之出处是明喻的用法：

（167）[孙]策长史张昭谓[孙]权曰："孝廉，此宁哭时邪？……况今奸宄竞逐，豺狼满道，乃欲哀亲戚，顾礼制，是犹开门而揖盗，未可以为仁也。"（《三国志》卷四十七《吴主传》）

这里因有"犹（如同）"字，其"开门揖盗"就是字面上的意思，只是连同"犹"在内，才构成比喻之义；如果由明喻改用隐喻，就是"引进坏人，招致祸患"的比喻义了。例如：

（168）[侯]景遣仪同傅士哲呼侃与语曰："侯王远来问讯天子，何为闭距，不时进纳？……"侃曰："吾荷国重恩，当禀承庙算，以扫大逆耳。不能妄受浮说，开门揖盗。幸谢侯王，早自为所。"（《梁书》卷三十九《羊侃传》，并见《南史》卷六十三）

（169）[周]札受委扞城，乃开门揖盗，去顺效逆，彼实有

之。(《晋书》卷五十八《周处等传论》)

由于这两个用例不用比喻语词,其字面意思就退居次要地位,比喻意义反而因此而突现出来。

3.3.3 既有引申义又有比喻义的成语。 这类成语的含义比较复杂,如不细心体察,往往容易忽略其比喻义的用法。

例之一:入木三分。 此语出《羊欣笔阵图》:

(170)晋帝时,祭北郊文,更祝板,工人削之,笔入木三分。(《太平广记》卷二〇七,亦见唐·韦续《墨薮》)

这里是说王羲之在祝板上写的字,工人刻字时,发现字的墨痕透入木中有三分深。后来就用“入木三分”或“入木”形容书法高超,笔力强劲。例如:

(171)须君笔端驭龙蛇,他日始信入木妙。(敖陶孙《臞翁集·赠墨工陈伯升》)

(172)宗室赵子正,监永静军,耽酒嗜书札,而喜人奉己。有过客执觚而前,正遇赵于案间挥翰自得。客自旁视再三,而叹美其妙……曰:“某尝观法书云:王书一字入木八分,今太保之书,一落笔则入木十分,岂不为过于右军耶!”(宋·何薳《春渚纪闻》卷五《酒谑》)

例(171)是以“入木”称赞墨工陈伯升的字写得好;例(172)是写赵子正喜欢人家奉承自己,而过客就投其所好,用“入木十分”来吹捧赵子正的字写得比王羲之还要好。这些都是引申义的用法。后来又在此基础之上推进一步,由形容书法转而指议论、见解或诗文意境的深刻,就是比喻义了。例如:

(173)向来枉自求知己,垂老今才得替人。入木三分诗思锐,散霞五色物华新。(清·赵翼《瓯北诗钞·七言

律七·杨云珊自长垣归，出示匠作，叹赏不足，诗以志爱》）

（174）［吴敬梓］写唐二棒椎，真能入木三分。（卧闲草堂本《儒林外史》第四十七回评）

例（173）是以“入木三分”比喻诗意深刻；例（174）是比喻描写刻画人物形象十分深刻。

例之二：尸居余气。 此语的字面意思是：人像尸体一样地躺着，仅剩下一口气。例如：

（175）帝诈疾笃……使声气才属，说“年老枕疾，死在旦夕……”［李］胜退，告［曹］爽曰：“司马公尸居余气，形神已离，不足虑矣。”（《晋书》卷一《宣帝纪》）

这里是说司马懿假装病重昏乱，李胜信以为实，就告诉曹爽说：司马懿奄奄一息，快要死了。这是字面意义的用例；由此进而引申为形容人暮气沉沉，无所作为，换言之即比死人只不过多了一口气。例如：

（176）［李］靖曰：“杨司空［素］权重京师，如何？”［红拂女］曰：“彼尸居余气，不足畏也。诸妓知其无成，去者众矣。”（唐·杜光庭《虬髯客传》，见《太平广记》卷一九三）

此例与（175）例，如从语法分析，没有什么区别，都是主谓结构，只不过主语一为名词（司马公），一为代词（彼）。在主谓句之后都有“不足虑（畏）矣”，只不过前一例多一句“形神已离”。虽然在用法上如此相似，但两个例子中的“尸居余气”所充任的意义职能却迥然不同，前者是形容人奄奄一息，行将死亡，后者是形容人毫无朝气，无所作为，一为本义，一为引申义，其含义之所以有此差别，在于例文的用意，从例（175）之"形神已离"和例（176）之"知其无成，去者众矣"即可判断前者为本义，后者为引申义。由形容人的暮气无所作为转而用于诗文，就是比喻的用法了，例如：

（177）明人之诗，乃时文之尸居余气。（清·吴乔《围炉诗话》卷四）

这里是比喻诗文刻板公式化，没有生气。

3.4　正确掌握语源，避免意义的本末倒置。　语源决定着义项合乎历史原则的安排，如果不明语源，往往会发生本末倒置的看法。

例之一：寄人篱下。　此语新旧辞书大都以张融《门律自序》（见于《南齐书》卷四十一、《南史》卷三十二）为源，本义谓"指沿袭别人，无所创见"，却把"依附他人生活而不能自主"说成是比喻义。这恰恰是本末颠倒了。请看：

（178）齐人有冯谖者，贫乏不能自存，使人属孟尝君，愿寄食门下。（《战国策·齐四·齐人有冯谖者》）

（179）梁鸿适吴，依大家皋伯通庑下，为人赁舂。（《东观汉记》，见《艺文类聚》卷六十九，文并见《后汉书》卷八十三）

（180）峻好学，家贫，寄人庑下，自课读书。（《梁书·卷五十·刘峻传》）

例（178）的"寄食门下"当为"依附他人生活而不能自主"义的原始出处，可知此义当是"寄人篱下"之本义：例（180）之"寄人庑（wǔ，正房对面和两侧的小屋子）下"全本例（179）的"依……庑下"，后人甚至用此语点明梁鸿，如"终胜梁鸿依庑下，年年井臼累山妻”（清·查慎行《敬业堂诗集》卷十二《朱雪鸿移居诗和梨洲先生》），可见冯谖的“寄食门下”和梁鸿的“依人庑下”都可用作“寄人篱下”的本源，其本义正是用于生活，而“沿袭别人，无所创见”之为比喻义，也就无可置疑了。这从“寄人庑下”亦可用为比喻义，也足可证明用作“篱、庑、门”并不构成为含义不同的成语。请看：

（181）范希文《赠林和靖》云：“……风俗因君厚，文章到老醇。”庶几子美矣，而终寄其庑下。（清·吴乔《围炉诗话》卷五）

这里的意思是说范仲淹《赠林和靖》一诗的意境接近于杜甫，但毕竟只是因袭杜诗，缺乏独运的匠心。这种比喻的用法正与张融《门律自序》的用法如出一辙，是后来才出现的用法，是不得强以为源的。

例之二：剑拔弩张。　此语字面的意思是“剑从鞘里拔出来，弓也张开了”，可是其语源长期以来未能循此上溯。新旧辞书多以南朝梁·袁昂《古今书评》（见唐·张彦远《法书要录》卷二）为源，谓此语“原是形容书法雄健”。这也是由于不明语源而误断。请看：

（182）兵接弩张，谁能得卒长者，赐之百金。（《管子》卷二十四《轻重乙》）

（183）省中相惊传，勒兵至郎署，皆拔刃张弩。（《汉书》卷九十九下《王莽传下》）

例（182）之“兵接弩张”与“剑拔弩张”仅“兵接”与“剑拔”字面上不同，而含义相近。“兵”指兵器，是泛指；“剑”亦兵器，是特指。“接”，指兵器相碰，表示动手了；“拔”，指剑出鞘，表示就要动手了。例（183）之“拔刃张弩”是两个动宾结构，而“剑拔弩张”则是两个主谓结构，仅是形式上的逆转，而字面上的意思则毫无区别。字面差别仅是“刃”与“剑”的不同，可是“刃”指刀，也指剑。总而言之，“兵接弩张”和“拔刃张弩”均可作“剑拔弩张”的原始语型。明乎此，可知“形容书法雄健”之“形容”则应作“比喻”才妥当。今日常用的“形势紧张，一触即发”的意思是直接从字面意义引申而来，例（183）的用法已然透露出这层意思来，可见这种意思不能说成是“比喻”之义。

3.5　区分古今字义和语义。　汉语成语的历史性较强，其中有一部分是古汉语的遗留，这就无可避免地带来一些古字义和古语义难于正确索解。对这些古字义、古语义求得确诂，并跟今义加以区别，是成语研究中的一个重要的课题。

例之一：差强人意。　这个成语中的“差”和“强”字都既有古义又有今义。试举数例略加辨析：

（184）上（光武帝）叹曰：“吴公差强人意，隐若一敌国矣。”（《东观汉记》卷八《吴汉传》，并见《后汉书》卷十八）

（185）梅花差可强人意，竹叶安能醉我心。（戴复古《怀雪蓬姚希声使君》，见《宋诗钞·石屏诗钞》）

（186）奉常差强人意，但觉亦欠子细商量，甚恨前此匆匆不能甚款也。（朱熹《朱文公集》卷四十八《答吕子约十一月二十七日》）

（187）明代无一工词者，差强人意，不过一陈人中而已。（清·陈廷焯《白雨斋词话》卷一）

例（184）是此语的出处，“差”是甚、颇、殊的意思，“强”是起、发、振奋的意思。这都是古义，前人已指出过，如王先谦《后汉书集解》就引王幼学云："谓汉甚起发人意思"；宋·陆九渊也说："光武谓吴汉差强人意，强训起"（见《象山全集》卷三十四《语录上》）。例（185）是沿用字义，是说梅花甚能引起人的意兴。例（186）跟前二例就有所不同了，这里开始用为今义，其"差强人意"指大体上还能使人满意，这从第二句用转折"但"，然后说"亦欠子细商量"，即可知"差"不是"甚"义而是"稍微、大体上"的意思。例（187）亦用转折词"不过"指明范围，把事情往小里说，其"差"字非古义而是今义则更为显然。这种由古义转变为今义的用法，朱熹可算得上是开山祖师。也正是朱熹以古义的"差强人意"转用为今义，却以"甚强人意""殊强人意"等替代古义的"差强人意"，使两者有所分工，例如：

（188）胡公论事皆合公论，甚强人意。（《朱文公文集》卷二十八《与李诚父书》）

（189）二公独径还，乡试殊强人意。（《朱子语类》卷一一四《朱子十一·训门人二》）

这里朱熹之所以不用"差"却用"甚、强"，是由于"差"容易产生歧义，而这里必须用当"甚"解的"差"，为了表达明确而舍"差"取"甚"和"殊"字。

例之二：犁庭扫闾。　此语有的辞书都把"庭"释为"堂阶前，庭院"，这是不确的，因为把庭院犁平来种田，从而得出彻底摧毁对方的比喻义来，是十分勉强的。为了正确理解字义，仍须求助于语源。此语出自扬雄《谏不受单于朝书》（见《汉书》卷九十四下）："固已犁其庭，扫其闾，郡县而置之"，其中"郡县而置之"的话对于正确掌握"庭"的字义至关重要。这话的意思是要把单于消灭掉，在它的国土上建置郡县，纳入汉朝的天下。显而易见，“庭”应是“龙庭”的省称。“龙庭”是匈奴祭祀天神的地方，也即匈奴最高统治者的政权中心所在。这从宋人的一个用例即可得到证实：

（190）白日青天一旦明，旧时勋业此时情……将军犁却龙庭后，岁傍鼇山奏太平。（赵磻老《鹧鸪天·寿叶枢密二首之二》，见《全宋词》第一六三一页）

“犁却龙庭”也可省略为“犁庭”，显然只有把代表政权的龙庭消灭掉，才能“郡县而置之”。这样解释才符合扬雄使用此语的本意。

例之三：痛心疾首。　此语一些辞书都释作“形容痛恨到极点”，其实这仅是《左传·成十三年》此一成语的意思；它原来的意思却是由字面上的“心伤而头痛”引申为形容十分忧惧。此语义本《诗经·小雅·小弁》：“心之忧矣，疢如疾首。”朱熹《集传》谓“疢如疾首，则又忧之甚矣。”我们从先秦直至明清所能看到的用例，十之八九属于这个古义。请看：

（191）诸侯备闻此言，斯是用痛心疾首，暱就寡人。（《左传·成公十三年》）

（192）去秋雨泽不适，今时复旱，如炎如焚。凶年无时，而为备未至。朕之不德，上累三光，震栗忉忉，痛心疾首。（《后汉书》卷三《肃宗孝章帝纪》）

（193）嵩、霍咫尺，江、河匪远，夷庚壅塞，隔同天地，痛心疾首，昼慨宵悲。（《宋书》卷七十四《鲁爽传》）

（194）此乃宗庙社稷之忧，而庙堂之上方晏然自得，以为太平之业八九已成，此臣所为痛心疾首，昼则忘食，

夜则忘寝。（司马光《应诏言朝政阙失》，见《宋文鉴》卷五十）

（195）又自念老而无子，孑独一身，而近日风波，几不免祸。脱不幸溘先朝露，则此书更谁托哉？此其尤痛心疾首，而不能一刻宽者也！（清·归庄《书先太仆全集后》，见《归庄集》第二九六页，中华书局，1962年）

例（191）是此语四字成文最早的出处，意思是说，诸侯全都听到（秦国反覆无常，不守盟约）这些话，因此这才心怀愤恨，亲近晋侯；例（192）则是孝章帝面对凶年旱灾，万分恐惧，认为是自己无德，连累了上天，其"痛心疾首"自是心怀忧惧，而不可能是痛恨到极点的意思；例（193）是曹爽身处异域，由于不能还国而忧虑，其"痛心疾首"亦看不出有痛恨之意；例（194）是司马光对国家面临辽国侵略却歌舞升平而忧心忡忡，其"痛心疾首"为忧惧之意更为彰明较著；例（195）是归庄担心曾祖归有光的文集不能亲自整理付梓，其"痛心疾首"为忧惧之意，亦复毋庸置疑。

此语旧《辞源》仅就《左传·成公十三年》的一例注为"恨之甚"。后来编写的一些辞书就相沿袭，认为此一成语仅有痛恨之极一义，而不知尚有忧惧之意，为此一成语较为普遍的用法，以至于习焉而不察。

例之四：是可忍，孰不可忍。　此语之中的"忍"字历来注家多释为"容忍，忍耐，忍受"，如宋·邢昺《论语正义》即解作："此孔子所讥之语也；孰，谁也；人之僭礼，皆当罪责，不可容忍；季氏以陪臣而僭天子，最难容忍，故曰：若是可容忍，他人更谁不可忍也。”此非确诂，并不合孔子用此字之原意。近人杨伯峻先生对《八佾》的这一段文字译作：“孔子谈到季氏，说：‘他用六十四人在庭院中奏乐舞蹈，[以大夫越级用天子的礼乐，]这都可以狠心做出来，那甚么事不可以狠心做出来呢？’”[①] 其“忍”字解为“狠心”，就搔到痒处了。“忍”也可径照字面释为“忍心”，即“忍心害理”的“忍心”，古代用此语大都沿用此义，请看：

（196）帝将诛大将军，诏有司复进位相国，加九锡。帝夜自将冗从仆射李昭、黄门从官焦伯等，下陵云台，铠仗授兵，欲因际会，遣使自出致讨。会雨而却。明日遂见王经等，出黄素诏于怀，曰：“是可忍也，孰不可忍！今当决行此事！”帝遂拔剑升辇……（《世说新语·方正》“高贵乡公薨”梁·刘孝标注引《魏氏春秋》）

（197）夫情生于有情之地，古人所以登岘山而泪下，听邻笛而凄凉，诚有以也。亡友崔生，才高位下，盛年夭阏（yāoè，夭折，未成年而死），同志遽绝弦之伤，有识深埋玉之恨，此而可忍，孰不可忍？（《文苑英华》卷六八七《阙名〈答李清河书〉》）

例（196）是高贵乡公曹髦想杀掉大将军司马昭，曹髦所说的“是可忍也，孰不可忍”并非指司马昭的专擅罪恶不可容忍，而是说必得下狠心才能除掉司马昭，含有“一不做，二不休”的意思，所以跟着说“今当决行此事”。例（197）是作者怀着沉痛的心情悼念亡友崔生，对于他的夭亡，谓“此而可忍，孰不可忍”，意思是对此要是能忍心而不悲痛，那么什么事情不可以

① 见《论语译注》第二五页，古籍出版社，1958年。

忍心而无动于衷呢？这里的“忍”用“容忍，忍耐”是解释不通的。“忍”当“容忍，忍耐”解释，是后来才出现的意思，由于使用这个意思，才有了“形容行为恶劣或遭受侮辱而达到不可容忍的地步”的意思。

3.6 字面上仅一字之差而含义迥别的成语。 我们常常碰到一些成语在字面上大同而小异，而含义也往往相同或相近，如“老奸巨猾”就有诸如“老奸大猾、老奸巨盗、深奸巨猾、巨奸大猾、大奸巨猾”等多种不同的说法，它们的含义几乎没有什么差别。但是，也有一些成语，二者之间虽仅一字之别，却是含义截然不同的两个成语，须要注意辨别，不容混淆。前面在“2.5”章节中所分析的“盖棺事定／盖棺论定”就是概念各异的两个成语。下面再分析两对。

例之一：冰清玉洁／冰清玉润。 “冰清玉洁”比喻人格、品质高尚纯洁，例如：

（198）伏唯伯陵，材能绝人，高上其志，以善厥身，冰清玉洁。不以细行，荷累其名。（汉·司马迁《与挚伯陵书》，见《太平御览》卷五十引《高士传》，又见《续古文苑》卷七）

（199）［贺］循冰清玉洁，行为俗表。（何法盛《晋中兴书》，见《初学记》卷十二）

“冰清玉润”必先明其语源才能正确理解：

（200）［卫］玠妻父乐广，有海内重名，议者以为“妇公冰清，女婿玉润”。（王隐《晋书》，见《太平御览》卷四四五；并见《晋书》卷三十六）

后来就用“冰清玉润”誉称岳父和女婿。例如：

（201）太常刘贞公，一代伟人也。特相赏异，申以婚姻。佥谓冰清玉润，复在兹日。（《汉魏南北朝墓志集释·图版五九二·李挺墓志》）

（202）满道喧喧遇君别，争窥玉润与冰清。（释皎然《送顾处士歌》，见《全唐诗》卷八二一）

例（198）（199）之“冰清玉洁”与例（201）（202）之“冰清玉润”仅在字面上近似，而概念全然不类，不容混淆。

例之二：入室操戈／同室操戈。　这是语源不同而比喻义各别又兼有交叉的两个成语。“入室操戈”语出《后汉书》卷三十五《郑玄传》：“时任城何休好《公羊》学，遂著《公羊墨守》《左氏膏肓》《谷梁废疾》；玄乃发《墨守》，针《膏肓》，起《废疾》。休见而叹曰：‘康成入吾室，操吾矛，以伐我乎！’”何休用此语的字面意思是说郑玄“进入我的屋子，拿起我的武器来攻击我”，其比喻义或者是“用对方的论点来反驳对方”，或者是“从内部攻击或残杀自己人”。

“同室操戈”语意应本于《左传·昭公元年》，大意是：郑国徐吾犯的妹妹长得很漂亮，公孙楚先跟她订了婚。可是公孙楚的堂弟公孙黑也要娶她为妻，硬是送去了聘礼。徐吾犯为此很担忧，就问子产这事该怎么办。子产出了个主意，让他妹妹自己做主选择。结果他妹妹选中了公孙楚。出嫁以后，公孙黑发怒，就企图杀死公孙楚，夺取他的妻子。公孙楚知道了公孙黑的企图，就拿着戈追赶，把他刺伤了。正是这段故事才能得出“兄弟争吵或内部纷争”的意思来。从后来的用例亦可辨别这是两个含义各别的成语，例如：

（203）义理之不明，人情自疑沮；范围吾职分，往往若违

拒。同室操戈铤，一身隔肺腑。（宋·魏了翁《鹤山先生大全集》卷四《豢龙》）

（204）誉之韩柳谁敢当，意古语奇吾岂有。何如操矛时入室，针我膏肓乃相厚。（宋·王十朋《王忠文公集》卷二十八、《宋孝先示读〈自宽集〉，复用前韵》）

例（203）之“同室操戈铤（chán，小矛）”是比喻内部纷争，所以后句又说“一身隔肺腑”，显然与《郑玄传》之“入吾室，操吾矛”了不相涉；例（204）之“操矛时入室”用意全本《郑玄传》，连“戈”字也用原来的“矛”字。这是两个成语的差异处，此外“操戈入室”并有近似“同室操戈”的意思，如：

（205）今观吴淞之变，以府佐钳网诸公者，为杨大洪之子；以至戚坑陷诸公者，为董思白之孙。反面事仇，操戈入室，何其略无人心也。（明·张岱《石匮书》卷三十四《后序》）

这里的“操戈入室”意即从内部陷害杀戮自己人。

3.7　同形而字音和含义都有所不同的成语。　这类成语为数甚少，也值得一提，试举二例，略加分辨。

例之一：难兄难弟。

a. 读作 nán xiōng nán dì，语出《世说新语·德行》，指陈元方、陈季方兄弟才德难分上下。后来用“难兄难弟”形容兄弟都同样好。又引申指同类相当的两个事物都同样好。例如：

（206）太室之胜山内藏，少室之奇山外仰。难弟难兄孰相让？（清·魏源《七言古诗·二室行》，见《魏源集》第六九五页，中华书局，1976年）

这种引申用法在一般辞书中尚未见到反应；至于反其意而用之，用来讥讽两人同样坏，似滥觞于《红楼梦》第七十五回，贾政把贾宝玉和贾环称作“二难”，斥二人为“邪派”。然则四字成文的用例一时就难于征引了。

b. 读作nàn xiōng nàn dì，这是后起的读法和用法，全因“难”字本有二音，自然而然地从“难为”义转到“患难”义所致。这种读法又有两解，一指彼此共患难的人，一指彼此处于同样困苦境地的人，其用例亦难于征引。

例之二：一日之长。

a. 读作yī rì zhī zhǎng，语出《论语·先进》：“以吾一日长乎尔，毋吾以也。”意思是：因为我比你们年纪都大一些，人家[就要]不用我了。后来多用为谦语，指年纪较大，地位或辈分稍高。例如：

(207)学中诸友，以仆忝一日之长，日有三五辈登门请托。(清·蒲松龄《聊斋文集》卷五《与孙爻文转示吴县公》)

(208)老先生大位，公子高才，我老拙无能，岂堪为一日之长！容斟酌再来奉覆罢。(清·吴敬梓《儒林外史》第四十四回)

例(206)“一日之长”前用谦词“忝(tiǎn)”，表示愧比别人年纪大一些；例(207)“岂堪为一日之长”意思是那里能够充当老师？

b. 读作yī rì zhī cháng，语见《三国志》卷三十七《庞统传》裴松之注引张勃《吴录》(亦见于《世说新语·品藻》)：“[顾]劭就统宿，语，因问：‘卿名知人，吾与卿熟愈？’统曰：‘陶冶世俗，甄综人物，吾不及卿；论帝主之秘策，揽倚伏之要最，吾似有一日之长。’”后用来指在某一方面有比别人稍强的长处。例如：

（209）太宗谓珪曰：“卿识鉴精通，尤善谈论，自玄龄等，咸宜品藻。又可自量孰与诸子贤？”对曰：“孜孜奉国，知无不为，臣不如玄龄；每以谏诤为心，耻君不及尧、舜，臣不如魏征；才兼文武，出将入相，臣不如李靖；敷奏鲜明，出纳惟允，臣不如温彦博；处繁理剧，众务必举，臣不如戴胄。至如激浊扬清，嫉恶好善，臣于数子，亦有一日之长。”（唐·吴兢《贞观政要》卷二《任贤》，并见新旧《唐书》王珪传）

（210）彦远自幼至长，习熟知见，竟不能学一字，夙夜自责；然而收藏鉴识，有一日之长。（唐·张彦远《法书要录序》）

例（209）之“一日之长”，是王珪跟房玄龄、魏征、李靖、温彦博、戴胄等五人相比较，认为自己在“激浊扬清、嫉恶好善”方面有胜过别人的长处；例（210）是张彦远学书无成，却在收藏和赏鉴字帖书法上有超过别人的长处。除了上面的用法外，有时还指一旦的好处，例如：

（211）学又三年积，功收一日长。（宋·陈师道《送张秀才》，见《后山诗注》卷八）

这个成语的“长”字读作cháng的比读作zhǎng的用得更广泛些，为了避免误读，就需要根据前后文意分析辨别。

3.8　成语的音辨。

3.8.1　多音字的正音。　有些成语中的字音非止一种读法，须要加以辨正，掌握正确的读音。例如：

暴虎冯河——“冯”读píng，不读féng

鞭辟入里——“辟”读pì，不读bì。

沧海横流——“横”读hèng，不读héng。

箪食壶浆、箪食瓢饮——“食”读sì，不读shí

斗转参横——“参”读shēn，不读cān。

罚不当罪——“当”读dāng，不读dàng。

间不容发——“间”读jiān，不读jiàn。

否极泰来——“否”读pǐ，不读fǒu。

将伯之助——“将”读qiāng，不读jiāng，也不读jiàng。

情见势屈，图穷匕首见——“见”读xiàng，不读jiàng。

深厉浅揭——“揭”读qì，不读jiē。

数见不鲜——“数”读shuò，不读shù，更不读shǔ。

五行八作——“行”读háng，不读xíng；“作”读zuō，不读zuò。

郢书燕说——“燕”读yān，不读yàn。

朝乾夕惕——“乾”读qián，不读gān。

自怨自艾——“艾”读yì，不读ài。

凿壁偷光——“凿”读záo，不读zuò。

穿凿傅会——“凿”读zuò，不读záo。

以上这些成语都有容易误读的字，其中有的读音甚至在词典中也有以误读为正读的。例如“间不容发”的“间”就以jiān（阴平）为误读，却以jiàn为正读，“鞭辟入里”的“辟”以pì为误读，以bì为正读。这里仅就“鞭辟入里”之“辟”何以读pì而不应读bì做一点剖析。

“鞭”是鞭策、策励的意思，这从下面的例证可以看出来：

（212）时加鞭策，勉以近里著己工夫。（清·尹会一《健余尺牍》卷三《答沈子大》）

此全本程颢所说“学只要鞭辟近里，著己而已”。[1] 可见“鞭”即鞭策。“辟”是分解剖析，也作“擗”，例如：

（213）近来士子肯向学者，亦时有之，但实作工夫耐久者极难得也。且是要鞭擗向里，如此下工，方自觉病痛多耳。（宋·张栻《张南轩文集》卷一《答胡季随七》）

“擗”读pǐ，也是分解的意思，与“辟”音近，亦可证“辟”不当读成bì。

3.8.2 旧读、今读兼及字形。 有些成语中的字音往往有从古从今的问题。今读多属以误传误，相沿既久而“约定俗成”，例如：

叶公好龙——“叶”字旧读Shè，今则读Yè。

哑然失笑——“哑”字旧读è，今可读yǎ。

告朔饩羊——“告”字旧读gù，今可读gào。

等等。“叶公好龙”之“叶”今姓氏已然不再读shè，这里自不必再从旧读；“哑然失笑、告朔饩羊”之“哑、告”其读音究竟是从旧读还是从今读，意见就不大一致。这里暂从今读，却须交代旧读之音。

3.8.3 正字兼正音。 有少数成语中的用字由于字形近似而容易发生以讹为正的情形。

---

① 见《二程集》第一三二页，中华书局，1981年。

a. 形近音近而字义有所不同应从义胜者。例如“发纵指示”之“纵”字,《史记》卷五十三《萧相国世家》作“踪(蹤)”,而《汉书》卷三十九《萧何传》则作“纵(縱)”,仅是偏旁不同因形近而致混,必有正误之分,不可能两个都是对的。《汉书》颜师古注:“发纵,谓解绁而放之也。指示者,以手指示之,今俗言放狗。纵,音子用反,而读者乃为踪迹之踪,非也。书本皆不为踪字。自有逐踪之狗,不待人发也。”可知《史记》之“蹤”应作“縱”,诚然,“不待人发的逐踪之狗”是无法以手指示其追捕的。前人既已有确诂,就应择善而从之,不取“踪(zōng)”而取“纵(zòng)”。

b. 形近而字可通者,或从讹舍正。例如“伊于胡底”之“底”原本作“厎”。语出《诗经・小雅・小旻》:“我视谋犹,伊于胡厎?”《十三经注疏》中华书局1980年影印阮元刻本之《毛诗正义》正作“厎”,音之履反。阮元在该刻本《孟子注疏》卷七下校勘记“而瞽瞍厎豫”下说:“经典内凡曰‘厎’致也,皆之尔切,与‘底’都礼切不同,经典内用‘底’字不多,而俗刻多‘厎’讹为‘底’。”“伊于胡底”正属这种情况。朱熹《诗集传》就作“伊于胡底”,并在音释“之履反”下谓“叶都黎反”[①]《集韵》“厎”字:“都黎切,音低,至也。”既然“厎”并有都黎切的读音,而“底”亦有“达到”的意思,两个字可以通用,就不必再将“底”改回作“厎”了。

c. 通假字之正音。汉字多有可以通假者。因通假字而造成的误解误读历来不乏其例,成语中也存在这种情况。如“集苑集枯”之“苑”如照本字读作“yuàn”就错了。此语出《国

① 据中华书局1958年排印本,第一三七页。

语·晋语二》:“人皆集于苑,已独集于枯”,韦昭注:“集,止也;苑,茂木貌”,可知“苑”是茂盛的树木,与“枯”相对而言,而读yuàn的“苑”字则无茂盛之意,从而可知“苑”是个通假字,其正字是“菀”,读作yù,后来使用这个成语,就多写作“菀”。例如:

(214)谓人集菀而已集枯。(元·姚燧《牧庵集》卷二《秦国忠翊之弟巴克实巴追封古哩郡恭懿公制》)

写作“苑”也好,写成“菀”也好,都只能读作yù而不能读成yuàn。

3.9 义项的设置。 有些成语如果在掌握大量、丰富材料的基础之上进行分析,往往会发现现有辞书的释义概括不周;成语在用法和色彩方面所存在的差异性如何通过释义在辞书中得到合理的反应,更是现有辞书所忽视的问题。试略为举隅,即可推见其余。

例之一:天花乱坠。 除用于说话动听的比喻义之外,还可用来形容雪花纷飞飘舞,例如:

(215)山川天没雪作海,乱坠天花自成态。(宋·陆游《剑南诗稿》卷十二《拟岘台观雪》)

“乱坠天花”即天花乱坠的倒用。

例之二:拔本塞原。 除了用来比喻毁灭根本或忘本叛逆外,还比喻从根源处杜绝,使不再滋生。例如:

(216)大凡做事须是拔本塞源,然后为善。(宋·吕祖谦《东莱文集》卷十八《孟子说》)

(217)天下事有利于民者,则当厚其本,深其源;有害于民者,则当拔其本,塞其源。(清·钱泳《履园丛话》

卷四《水利》）

这个成语现有的一些辞书只收了用于消极方面的意思，而用于例（216）（217）之积极方面的意思大都未收，应补立义项。

例之三：残山剩水。　除了指残存下来的不完整的山河土地外，还须设置本义指人工建置的园林中的片断山水。例如：

（218）杜宇声声唤客愁，故园何处此登楼。落花飞絮成春梦，賸水残山异昔游。（戴叔伦《暮春感怀（其一）》，见《全唐诗》卷二七三）

（219）九陌缁尘满客襟，钱塘门外有园林……晴日暖风千里目，残山剩水一人心。（范成大《石湖集》卷九《与胡经仲、陈朋元游照山堂，梅数百株盛开》）

这两个例文都指的是园林中的残山剩水，是与国土部分沦亡无涉的；此外，还可用来比喻前人诗文发挥未尽的意境。例如：

（220）山谷专意出奇，已得成家，终是唐人之残山剩水。（清·吴乔《围炉诗话》卷五）

例之四：貌合神离。　一般辞书此语均止一个义项，多释作“表面上关系很密切而实际上怀着两条心”，但下面的用例则不能包括：

（221）晏（殊）、欧（阳修）词，雅近正中（即冯延巳），然貌合神离，所失甚远。（清·陈廷焯《白雨斋词话》卷一·二四）

（222）其实世界上也不会有完全归化的译文，倘有，就是貌合神离，从严辨别起来，它算不得翻译。（鲁迅《且介亭杂文二集·题未定草·二》）

两个用例均非就人和人的关系而言，而是指的诗词译文，上面的注释是概括不进去的，似有必要另立一义项：也用来指诗文书画等在风格上很相似而在精神韵味上却相差很远。

例之五：粉身碎骨。　此语之字面义多释作“身体粉碎”，然后括注：“多指为了某种目的而丧生”，或补释：有不惜生命之义。仍感未能全面表达出此语在不同的语言环境下所含的意义色彩。试看以下各例：

（223）可以利生，虽粉身碎骨，臣不辞也。（宋·苏轼《苏东坡续集》卷十二《叶嘉传》）

（224）［李十郎］徐谓玉曰：“平生志愿，今日获从，粉骨碎身，誓不相舍。”（唐·蒋防《霍小玉传》，见《太平御览》卷四八七）

（225）泽浸骨髓，载欣载跃，感戴无阶。岂唯剪逆皃凶，独申微效，实冀粉身灰骨，上答殊私。（唐·刘禹锡《谢手诏慰抚表》，见《文苑英华》卷五九八）

（226）若闻此语，即声悲泪，连劫累劫，粉身碎骨。（《大唐善导和尚集·行仪分·证生增上缘》）

（227）那差拨不见他把钱出来，变了面皮，指着林冲，骂道：“……你这把贼骨头好歹落在我手里，教你粉骨碎身！”（《水浒》第九回）

（228）考诸人用心，虽粉骨碎躯，难塞滔天之罪。（宋·王明清《挥麈后录》卷四）

以上六例虽然都是指身体粉碎即死亡，而意义色彩却很不一样。例（223）是为了“利生”的目的而不惜献身，例（224）是用于誓愿而不惜生命，例（225）是用于报效而不惜献身。以上三例为一类型：用于报效、誓愿或为某种目的而不惜献出生命；例（226）（227）为一类型：用于遭难丧命；例（228）为一类型：用于有罪的人而该当丧命。第一种类型用于积极方面，使用频率最高；第二种类型是中性语，不带褒贬色彩；第三种类型用于消极方面，含有贬意。

本章主要谈成语有三种类型的意义，其中的字面意义是基础，引申义和比喻义均借这个基础孳生和存在。有一些汉语成语仅有字面意义，这类成语并无多少深文奥义，单从字面即可索解，甚至可以逐字直译成另一种语言，但它们是成语则是毋庸置疑的。汉语成语的这一特点恰与大部分印欧语成语的特点迥然不同。但是，在汉语成语中占主导地位的毕竟是那些具有比喻义和有典故的成语，而带有典故的成语，其比喻义显得更鲜明、更深刻一些。

由于汉语成语的历史性很强，势必在一部分成语中遗留下古字义，如果不能正确阐发，就有可能妨碍对整个成语的理解，甚至导致曲解。另一方面，整个成语可能同时并存古今义，其间的差别须要分辨清楚，否则也有可能把今义硬套在古义的例证之上。

第四章　成语的运用

在具体运用上，最能体现汉语成语的丰富多彩，变化多姿，也最能充分发挥成语的功效。

4.1　当作一个词来使用。　成语虽是固定词组，但在运用时，往往等于一个词。例如：

（229）秦凤梧吩咐马夫加鞭快走，马夫不敢不依，一转眼间，又风驰电掣的去了。（《文明小史》第五十六回）

（230）［饶鸿生］回来做成了一首七绝诗，珍重藏好，说将来可以刻在出洋笔记的后面，人家看了，少不得称赞他雅人深致。（同上，第五十三回）

（231）我已经答应他了，明天就要来上工。这个只好你们底下去同他商量。他肯让自然极好；倘若不肯，也只好由他。我不能做出尔反尔的事。（《官场现形记》第五十九回）

例（229）的“风驰电掣”等于“飞快”；例（230）的“雅人深致”等于“文雅”；例（231）的“出尔反尔”等于“翻悔”。这里的成语都起着复合词的作用。

4.2　独立成句。　成语运用于句子之中，就语法来分析，不外能充当主语、谓语、宾语、定语、状语和补语。但是，最常见最普遍的用法还是独立成句。这在古汉语中尤为常见。例如：

(232)因一时同在富贵场中，彼此门第相等，要图亲热，所以联起宗来；谁知他不认本家，只顾外面混去联宗，把根本弄的糊里糊涂，久而久之，连他自己也辨不出是谁家子孙了。(《镜花缘》第三十九回)

(233)我自有命，若信不及，风吹草动，便生恐惧忧喜，枉做却闲工夫，枉用却闲心力。(宋·谢良佐《上蔡语录》卷上)

(234)唐时郑元和做歌郎，唱《莲花落》，后来富贵发达，一床锦被遮盖，这都是叫化中出色的。(《古今小说》卷二十七《金玉奴棒打薄情郎》)

(235)别人家老爷，总护着自己身边人，就是做了丑事，还要顾着旧日恩情，一床锦被，遮盖遮盖。(《孽海花》第十八回)

例(232)的"久而久之"，只能独立成句，是一个比较特殊的成语；例(233)的"风吹草动"一般多用在动词"有"之后作宾语，而这里却是独立成句；例(234)(235)的"一床锦被遮盖"，前一个是独立成句，后一个不但独立成句，而且读起来更觉富有节奏感，显示出成语运用上的灵活多变。

4.3 各类活用。 按文意的需要很多成语都可灵活运用，而且活用的式样五花八门。

4.3.1 变换用字。

a. 换字而含义不变。多是字面意义略有差别，而抽象意义毫无差别，可算同义成语。

例之一：讳疾忌医 ——→ 护疾忌医。

"讳"是有所顾忌而不肯说，"护"是袒护或掩护。此语四字成文的用例“护疾忌医”早于“讳疾忌医”，请看：

（236）仲由喜闻过，令名无穷焉；今人有过不喜人规，如护疾忌医，宁灭其身而无悟也，噫！（宋·周敦颐《周濂溪集》卷六《通书二·过》）

（237）此须究其根源，深加保养，不可归咎求节，讳疾忌医也。（宋·朱熹《朱文公文集续集》卷二《与田侍郎》）

周敦颐比朱熹早约一百二十年，可知“讳疾忌医”很可能是由朱熹开始这样用的，后来沿用为定型式。两个用例的比喻是一致的，都是掩饰缺点过错，不肯接受规劝。

例之二：活龙活现——活灵活现——活眼活现。

这三种说法中前两个比较近似，使用的频率也不相上下。“龙”是传说中的一种神异动物，“灵”是指神仙或跟神仙有关的事物，这两者用在成语中无非强调根本不存在的事物竟然被说活了而出现在人的面前，从而产生描述生动逼真的意思；而“眼”字的用意则有所不同，是指话说得生动，好像活现在眼前。用“眼”虽可通，毕竟不及前两种说法普遍，不宜提倡。现各举一例：

（238）再说王氏闻丈夫凶信，初时也疑惑。被吕宝说得活龙活现，也信了。（《警世通言》卷五《吕大郎还金完骨肉》）

（239）吕用之虽然爱那女色，性命为重，[被胡僧]说得活灵活现，怎的不怕？（《醒世恒言》卷三十二《黄秀才徼灵玉马坠》）

（240）稀不要紧的平常事，到了你们文墨人儿嘴里一说，

就活眼活现的，那么怪有个听头儿的。（《儿女英雄传》第三十二回）

这三个例子都是用于说话形象生动逼真，使人相信或爱听。

例之三：因噎废食 —— 以噎废食 —— 惩噎废食。

“因”与“以”同义，都是因为、由于的意思；“惩”字则有所不同，是因吃过这种亏而不再做这类事的意思，尽管比“因、以”含义略复杂一些，而整个成语的比喻义则与前两种说法毫无二致。试各举一例：

（241）昔人有因噎而废食者，又有惧溺而自沉者，其为矫枉防患之虑，岂不过哉！（唐·陆贽《陆宣公集》卷十三《奉天请数对群臣兼许令论事状》）

（242）士之求仁固当以反求诸己为务，然岂不曰事其大夫之贤者云哉？今以前日失数公者自惩，是以一噎而废食也。（《朱文公文集》卷三十七《与王龟龄》）

（243）惩有宋之弊，而谓此法必不可行，是惩噎而废食也。（明·黄淳耀《陶庵集》卷二《陆履长乡兵议序》）

三个用例虽各有所指，但比喻的意思全如例（241）所解说的“矫枉防患之虑”过了头，也就是由于要吸取教训而索性停止应做的事情。

例之四：断发文身 —— 剪发文身 —— 披发文身 —— 祝发文身。

“断”与“剪”同义，无须赘释；“披”与“祝”其义并与“断、剪”同，却须诠释。“披”音pī，是“鬀”的假借字，鬀即剃，剃掉头发；“祝发”亦即断发，多见于先秦古籍，但后世亦沿用；如削发为僧即常说“祝发”；明代张凤翼有名为《祝发记》的传奇。可知四种说法仅是用字不同，而意思并无差别。

b. 换字而含义略变。多是字面意义差别大而抽象意义稍有差别，可算作近义成语。

例之一：茹苦含辛 ——→ 茹痛含辛。试各举一例略加分析：

（244）佛之道难成，言之使人悲酸愁苦。其始学之，皆入山林……茹苦含辛，更百千万亿生而后成。（《苏东坡集》卷三十一《中和胜相院记》）

（245）秃巾鬔鬙老扶车，茹痛含辛说乱华；赖有乡人聊刷耻，魏公元是鲁东家。（范成大《石湖诗集》卷十二《相州》）

例（244）可以解释为“忍受辛苦”，“苦”是苦楚，“辛”是艰辛；例（245）的“痛”是悲痛，“辛”是辛酸，“茹痛含辛”意思是饱含着辛酸和悲痛。虽然两者仅一字之差，在意念上却大不相同。

例之二：愤世嫉俗 ——→ 愤世嫉邪。从语言发展衍变的历史看，“愤世嫉邪”的出现比“愤世嫉俗”早得多，请看：

（246）谈生之为《崔生君传》，……将愤世嫉邪长往而不来者之所为乎！（韩愈《昌黎集》卷十一《杂说四首之三》）

（247）屈原作《离骚》，自哀其志穷；愤世嫉邪意，寄在草木虫。（宋·梅尧臣《宛陵集》卷二十七《答韩三子华·韩五持国韩六玉汝见赠述诗》）

（248）后来同他谈起时事，谁知他并不是个渔者出身，也是个清流高士，因为愤世嫉俗，托渔而隐的。（晚清·吴趼人《痛史》第十六回）

“俗”指流俗，“邪”指邪恶，含义是不同的；就构词法而言，两者虽均为“动宾／动宾”式，而前者的“俗”与“世”相对应，合起来是“世俗”一词；后者的“邪”则与“世”不相对应，合起来“世邪”也不成词。可见“愤世嫉俗”的结构较为严谨。“愤世嫉邪”只能就字面意义释作：“愤愤不平于当世，痛恨邪恶的势力”；“愤世嫉俗”则可概括为“憎恶愤恨当前的不合理的社会现状”这一抽象意义。

例之三：无能为役 ——→ 无能为力。

“无能为役”语出《左传·成公二年》，原意是“连充当仆役的能力都没有”，是谦语，这从后人沿用可得到证实：

（249）亮之不肖，于今世儒者无能为役，其不足论甚矣，然亦自要做个人。（宋·陈亮《龙川集》卷二十《又乙巳春书之一》）

这是陈亮拿自己跟当代的儒者（实指朱熹）相比较，说自己不足以做他的仆役，可见是谦辞。后来意思用泛了，表示没有能力做某件事，例如：

（250）少陵出而瑰奇鸿丽，一变故方，后此无能为役。（沈德潜《说诗晬语》，见《清诗话》第五四二页，上海古籍出版社，1978年）

这里是说杜甫以后的诗人写不出像杜甫那样的宏伟壮丽的诗篇。

“无能为力”的含义跟“无能为役”的泛用很相似，但是如果仔细辨析，仍有差别。“无能为力”的意思是“用不上力量，不能施展力量”，表示没有办法，例如：

（251）魁将军伦劾之。上大怒，并巡抚浦霖罢斥，槛解入京。时和相擅柄，故缓其行以解上怒。上计日不至，

立命乾清门侍卫某飞骑召入，于丰泽园庭讯。伍、浦皆服罪，立置于法，和亦无能为力。（清·昭梿《啸亭杂录》卷一《诛伍拉纳》）

这里是说伍拉纳和浦霖犯法，掌握大权的和坤本想搭救他们。可是高宗乾隆帝乘和坤不上朝，就派人审讯，立即正法，这时就连专擅朝政的和坤也没有挽救的办法了。这里的"无能为力"是不宜用"无能为役"的，而例（249）（250）的"无能为役"也是不宜换用"无能为力"的。

4.3.2 语序的变换。 有些成语在具体运用时每每见语序变换的现象，能够变换语序的成语，绝大部分是分成两段的并例结构。其上下两段不仅结构相对应，词类也相对应，意义或者相同，或者相近，有的甚至相反。下面按各种类型举例。

a. 主谓／主谓类：

唇枪舌剑—舌剑唇枪　尔虞我诈—我诈尔虞
风驰电掣—电掣风驰　风清弊绝—弊绝风清
山穷水尽—水尽山穷　神差鬼使—鬼使神差
势均力敌—力敌势均　心惊肉跳—肉跳心惊
心灰意懒—意懒心灰　心猿意马—意马心猿
蝇营狗苟—狗苟蝇营　义正辞严—辞严义正
朝三暮四—暮四朝三　朝秦暮楚—暮楚朝秦
珠联璧合—璧合珠联　筋疲力尽—力尽筋疲
龙盘虎踞—虎踞龙盘　声嘶力竭—力竭声嘶
心旷神怡—神怡心旷　泥塑木雕—木雕泥塑
鳞次栉比—栉比鳞次　*貌合神离—神离貌合

*一曝十寒—十寒一曝　*人亡物在—物在人亡

*泾清渭浊—渭浊泾清　*亲痛仇快—仇快亲痛

b. 偏正／偏正类：

残山剩水—剩水残山　风声鹤唳—鹤唳风声

风餐露宿—露宿风餐　单枪匹马—匹马单枪

高谈阔论—阔论高谈　海市蜃楼—蜃楼海市

花言巧语—巧语花言　狐群狗党—狗党狐群

兼收并蓄—并蓄兼收　伶牙俐齿—俐齿伶牙

仁人志士—志士仁人　千山万水—万水千山

铜墙铁壁—铁壁铜墙　断简残篇—残篇断简

远走高飞—高飞远走 *沧海桑田—桑田沧海

明目张胆—张胆明目　璞玉浑金—浑金璞玉

巧取豪夺—豪夺巧取 *圆凿方枘—方枘圆凿

珠围翠绕—翠绕珠围　并驾齐驱—齐驱并驾

c. 动宾／动宾类：

防微杜渐—杜渐防微　粉身碎骨—碎骨粉身

摧枯拉朽—拉朽摧枯　钩心斗角—斗角钩心

沽名钓誉—钓誉沽名　含辛茹苦—茹苦含辛

欢天喜地—喜地欢天　回心转意—转意回心

集思广益—广益集思　惊心动魄—动魄惊心

惊天动地—动地惊天　空前绝后—绝后空前

离乡背井—背井离乡　披荆斩棘—斩棘披荆

提心吊胆—吊胆提心　偷天换日—换日偷天

推心置腹—置腹推心　拖泥带水—带水拖泥

铭心刻骨—刻骨铭心　伤风败俗—败俗伤风

伤心惨目—惨目伤心　行尸走肉—走肉行尸

降龙伏虎—伏虎降龙　养精蓄锐—蓄锐养精

*藏头露尾—露尾藏头 *出头露面—露面出头

*翻天覆地—覆地翻天 *开源节流—节流开源

*喜新厌旧—厌旧喜新　厉兵秣马—秣马厉兵

上面这些成语只是语序的不同，在含义上或毫无二致或差别甚微。其中标*号的成语都是上下段意思相反的。在这些成语中更有少数可以有四种语序，如：

翻天覆地—覆地翻天—天翻地覆—地覆天翻

翻云覆雨—覆雨翻云—云翻雨覆—雨覆云翻

海誓山盟—山盟海誓—誓海盟山—盟山誓海

风驰电掣—电掣风驰—驰风掣电—掣电驰风

这类成语的语序尽管变来变去，其基本含义却是不变的。语序变换而含义随之改变多是前后非对称的和前后不分段的成语，试举数例：

（252）《（古诗）十九首》之妙，如无缝天衣。后之作者，顾求之针缕襞绩之间，非愚则妄。（清·王士禛《带经堂诗话》卷四《纂辑类·一》）

（253）不思防蚁壤，徒欲卫龙鳞。当道豺狼愎，升堂犬马狺。（《王令集》卷九《上謦隅先生》）

（254）靖彼睡鼾之卧榻，完兹无缺之金瓯。（《朱舜水集》卷二《安南供役纪事》）

（255）治有端绪，不必责效于旦夕之间；事可包荒，不必刻意于渊鱼之察。（明·焦竑《玉堂丛语》卷四《献替》）

例（252）之“无缝天衣”即“天衣无缝”的倒文，由原来的主谓结构变为偏正结构，意思也由原来的比喻事物完美自然，没有丝毫破绽变为比喻完美自然、无懈可击的事物；例（253）之“当道豺狼”即“豺狼当道”的倒文，结构变化与上例同，意思由原来比喻坏人掌握大权变为比喻当权的坏人；例（254）之“无缺金瓯”即“金瓯无缺”的倒文，结构变化亦同例（252），前后两段之间用结构助词“之”衔接，意思由原来比喻国土完整变为比喻完整的国土；例（255）之“渊鱼之察”即“察见渊鱼”，由动宾结构变为偏正结构，意思由原来比喻不当见而见到别人的阴私变为比喻对别人的阴私不应有的刻意观察。这一类的语序倒置都涉及词性的改变，前后两段之间原来即使不用“之”衔接，亦可补加这类结构助字，如例之（252）（253）就都可以加上“之”字。

4.3.3 嵌入某些虚助字或其他语言成分。 在运用中根据文意或行文的需要在成语中还可嵌入一些虚助字，其中以“而、其、之”为最多，有时还嵌入其他虚词或实词。例如：

（256）曾不是之求，乃舍近而求之远，弃实而求之虚。（宋・王柏《鲁斋集》卷四《续国语序》）

（257）吾见今日之讹，不特此而已也，非礼而谓之礼，非义而谓之义，买其椟而还其珠，贤者为而不肖者议，可胜叹哉！（《朱舜水集》卷十三《赤林重政字尊五说》）

（258）兹者犬马之齿，已登七十，漏欲尽而钟欲鸣；筋骨之力，日就衰颓，心愈长而发愈短。（同上，卷六《与源光国告老启》）

（259）近云罗君，来自宜黄，一时邂逅，余犹妄意君一江右之才而已矣。任事无几，绝无之中得仅有之。（《海瑞集》下编《赠文昌大尹罗近云入觐序》）

（260）其余瓌辞藻思，粲然毕陈，应接有所不暇，姑次第其篇什，附以管见，俟览者细订之。（明·李诩《戒庵老人漫笔》卷六《月泉吟社》）

（261）迩有余姚人胡御史某，沾沾以文学自喜。（同上，卷七《辨〈天禄阁外史〉》）

（262）男儿生涯志未豁，善刀合学庖丁藏。（清·查慎行《敬业堂诗集》卷十二《汉瞻自洞庭先归，诗以志别，即次见赠旧韵》）

（263）我行畏路知路难，谈虎还防君色变。（同上·卷十三《题马渔村行路难小影》）

（264）子果能不安其所，奋焉崛起，自我作古，不待文王，则斯殆提子之耳而面命之也。（《朱舜水集》卷十五《三皇虞诗序》）

（265）余以异邦樗朽，倚蒹葭于玉树之藩。（同上，卷十二《游后乐园赋》）

例（256）是“舍近求远”的活用（后一句是“弃实求虚”），中间嵌入连词“而”和代词“之”，“舍”字之后并可嵌入代词“其”，原来嵌入的“之”亦可作“诸”（即“之于”）；例（257）是“买椟还珠”的活用，中间嵌入两个“其”一个“而”字；例（258）是“钟鸣漏尽”和“发短心长”两个成语的倒用，除都嵌入“而”字外，前者还嵌入两个副词“欲”，后者还嵌入两个副词“愈”；例（259）是“绝无仅有”的活用，中间嵌入“之中得”

三字，语末补足作“焉”字用的指示代词“之”；例（260）是“应接不暇”分前后两段，其间嵌入“有所”；例（261）是“沾沾自喜”分前后两段，其间嵌入“以文学”；例（262）是“善刀而藏”的活用，将其中的“而”字换成“合学庖丁”四字；例（263）是“谈虎色变”分前后两段，中间嵌入“还防君”三字；例（264）是“耳提面命”的活用，将主谓结构的“耳提”变为动宾结构的“提耳”，并在两字之间嵌入“子之”二字，“提耳”与“面命”之间并用连词“而”衔接；例（265）是“蒹葭倚玉树”的活用，先将动词“倚”提到名词“蒹葭”之前，然后在中间嵌入介词“于”并在原来的宾语“玉树”之后补一“藩”字，这样，“玉树”就由宾语变为定语，其间用助词“之”来衔接。

从上面十个嵌入式的活用例大致可以看出由紧缩的固定型变为松散的语句的一般情况。

4.3.4　分成两段，各段分用在一个句子里。

a. 用于句首。例如：

（266）恩深骨髓谓慈亲，义重丘山是故人。（宋·邵雍《伊川击壤集》卷五《归洛寄郑州祖择之龙图》）

（267）海誓都不应，山盟空自说。想起来暗伤嗟。（《雍熙乐府》卷十七《商调梧叶儿·题情》）

（268）或有孤臣危涕，孽子坠心，迁客海上，流戍陇阴。（梁·江淹《恨赋》，见《文选》卷十六）

例（266）是“恩深义重”分为两段各用于句首，各自又与“骨髓”和“丘山”搭配成语；例（267）是“海誓山盟”分成两段各用于句首，合而言之即“海誓山盟都不应、空自说”；例（268）是“孤臣孽子”，分作“有”的宾语，又各为“危涕、坠心”的主语。

b. 用于句尾。例如：

（269）前锋呃喉，后阵抚背，左排右掖，其几何而不踣邪！（《新唐书》卷二〇三《吴武陵传》）

（270）地里虽分于两镇，人心何异于一家，势比同舟，事资共济。（宋·勾延庆《锦里耆旧传》卷七）

（271）典籍将蠡测，文章若管窥。（唐·李商隐《咏怀寄秘阁旧僚二十六韵》，见《玉溪生诗集笺注》卷二）

例（269）是“呃喉抚（拊）背”分成两段各用于句尾；例（270）是“同舟共济”分为两段各用于句尾；例（271）是“管窥蠡测”的倒用，分成两段各用于句尾。

c. 各有不同的变化。例如：

（272）留仙公生擅仙才，锦在心而不竭；异史氏文参史笔，绣出口而遂多。（清·胡泉《聊斋志异序》，见会校会注会评本，各本序跋题辞，第二三页，上海古籍出版社，1978 年）

（273）一夕，女惨然入，曰：“君陇不能守，尚望蜀耶？今长别矣！”（《聊斋志异》卷十一《香玉》）

（274）蜀不可望，而思陇得之，亦甚欣慰。（清·长白浩歌子《萤窗异草·田一桂》）

例（272）是“锦心绣口”的活用。“锦心绣口”原本是偏正结构，“锦、绣”用来修饰“心、口”，这里却分成前后两段后，各嵌入动词“在”和“出”，形容词性的“锦”和“绣”都变成名词性了。例（273）和（274）都是“得陇望蜀”的活用。例（273）头一句之“陇……守”是“守陇”的倒用，中间又嵌入否定助动词“不能”；例（274）等于原语型的大翻个，“蜀望”之间又嵌入否定助动词“不可”,“陇得”之后又用代词“之”补足。

4.4 省略和紧缩用法。

4.4.1 四字成语取其一、三字为略语,例如:

跋前疐后—跋疐　　暴戾恣睢—暴恣

薄物细故—薄细　　布衣蔬食—布蔬

沧海桑田—沧桑　　出类拔萃—出拔

吹毛求疵—吹求　　吊民伐罪—吊伐

革故鼎新—*鼎革　　叠床架屋—叠架

飞刍挽粟—飞挽　　飞黄腾达—飞腾

风声鹤唳—风鹤　　赴汤蹈火—赴蹈

沽名钓誉—沽钓　　光风霁月—光霁

恒河沙数—恒沙　　结草衔环—*衔结

解衣推食—*推解　　临深履薄—临履

枯木朽株—枯朽　　蓬头跣足—蓬跣

献可替否—献替　　栉风沐雨—栉沐

等等;其中标*号的“鼎革、衔结、推解”是以三、一为序,也可以说是“鼎新革故、衔环结草、推食解衣”的略语。上面的略语中有由于使用频率较高而作为复合词者,如“沧桑、吹求、枯朽、献替”等。

4.4.2 四字成语取其二、四字为略语,例如:

拔茅连茹—茅茹　　白驹过隙—驹隙

补苴罅漏—苴漏　　乘车戴笠—车笠

附赘悬疣—赘疣　　耳提面命—提命

好整以暇—整暇　　画蛇添足—蛇足

昏定晨省—定省　　九鼎大吕—鼎吕

开物成务—物务　　牛溲马勃—溲勃

卧薪尝胆—薪胆　　向隅而泣—*泣隅

等等；其中标*的“泣隅”是以四、二为序，如按二、四为序则应作“隅泣”，因未见到实例，姑存而不论。加着重号的略语比较常见，有的已成为复合词，如“蛇足、赘疣”等。

4.4.3　四字成语取其一、四字为略语，例如：

鲍鱼之肆—鲍肆　　卑以自牧—卑牧

鹑衣百结—鹑结　　风中之烛—风烛

*汗流浃背—汗背　　*涸辙之鲋—涸鲋

*胶柱鼓瑟—胶瑟　　昆山治玉—昆玉

困兽犹斗—困斗　　铤而走险—铤险

*嫠不恤纬—嫠纬　　束之高阁—束阁

*泰山北斗—泰斗　　迎刃而解—迎解

等等；其中标*号者均不止此一种略语，“汗流浃背”又可省作“汗浃”、“涸辙之鲋”又可省作“辙鲋”、“胶柱鼓瑟”又可省作“胶柱”、“嫠不恤纬”又可省作“恤纬”、“泰山北斗”又可省作“山斗”。

4.4.4　取前二字为省略语，例如：

把臂入林—把臂　　半壁江山—半壁

暴殄天物—暴殄　　冰炭不同器—冰炭

水火不相容—水火　　薰莸不同器—薰莸

刮目相看—刮目　　含沙射影—含沙

画饼充饥—画饼　　刻舟求剑—刻舟

滥竽充数—*滥竽　　入木三分—入木

噬脐莫及—噬脐　　守株待兔—*株守／守株

享帚自珍—享帚　　倚马可待—倚马

优孟衣冠—优孟　　游刃有余—游刃

缘木求鱼—缘木　　云泥之隔—云泥

等等；其中标*号的“滥竽”本是“滥竽充数”的原始型，又可省作“竽滥”；“株守”是“守株”的倒置，由动宾结构变为主谓结构，已成为一个常见的复合词。

4.4.5　取后二字为省略语，例如：

嗷嗷待哺—待哺　　白驹过隙—过隙

白云苍狗—苍狗　　百步穿杨—穿杨

抱头鼠窜—鼠窜　　杯弓蛇影—蛇影

闭关却扫—*却扫　　沧海横流—横流

沧海遗珠—*遗珠　　尝鼎一脔—一脔

大喜过望—过望　　当头棒喝—*棒喝

程门立雪—*立雪　　逢人说项—*说项

发奸擿伏—擿伏　　高屋建瓴—建瓴

告朔饩羊—饩羊　　狗尾续貂—*续貂

狐死首丘—*首丘　　画龙点睛—*点睛

开门揖盗—揖盗　　铅刀一割—一割

味如嚼蜡—嚼蜡　　余音绕梁—绕梁

等等；其中标*号者，“却扫、棒喝、说项、续貂、首丘”等都已被视作复合词；“遗珠、立雪、点睛”可以是省略语，同时它们又都是另有来源的词语。

4.4.6　四字成语的前二字和后二字都可作省略语，例如：

拔茅／连茹　　鞭辟／近里　　背城／*借一

并驾／齐驱　　惩羹／吹齑　　摧枯／拉朽

*孤注／一掷　　曲突／徙薪　　越俎／*代庖

等等；其中标*号者也是比较常用的复合词。

4.4.7　由两个近义的略语并合而成文。

例之一：芹曝即“献芹”和“献曝”，多用作“献、心”的修饰语，中间用结构助词“之”衔接。例如：

（275）芹曝之献，容俟后期。（《张苍水集·上监国启》）

（276）以尽微臣一点芹曝之心。（清·陈忱《水浒后传》第三十二回）

（277）然野人芹曝，其心固自以为忠爱，奈何刍荛之言，其足中于采择者有限。（《朱舜水集》卷六《元旦贺源光国书·第五首》）

例（275）（276）都用作偏正结构的修饰语；例（277）用作主谓结构的谓语，名词性的“芹曝”临时变作动词性，等于说“野人献芹献曝”。

例之二：刻舟胶柱／刻舟守株／刻舟缘木。　“刻舟”即“刻舟求剑”，“胶柱”即“胶柱鼓瑟”，“守株”即“守株待兔”，“缘木”即“缘木求鱼”，四个成语的含义相类，故可取其略语两两并合而成文，以加强语言效果。试各举一例：

（278）若执一而求之，甚者乃至于废百，则刻舟胶柱之类，恶可与言诗哉！（明·李东阳《麓堂诗话》）

（279）此刻舟守株之论，不通之甚也。（陈宾《桃源手听》，见《宋人百家小说》）

（280）大抵古人诗画，只取兴会神到，若刻舟缘木求之，失其指矣。（清·王士禛《带经堂诗话》卷三《伫兴类·四》）

例之三：附膻逐秽／逐膻蝇营　“附膻”即“如蚁附膻”，

“逐秽”亦即“逐臭”，乃“逐臭之夫”的前半段；“逐膻”同“附膻”，“蝇营”即“蝇营狗苟”。三个成语的含义近似，取两个略语并合而成文。亦各举一例：

（281）嵩久握重权，炙手而热。干进无耻之徒，附膻逐秽，麕集其门。（《明史》卷二一〇《董传策传》）

（282）瑞仕淳邑一载有奇矣，见诸生唱饮呼卢、逐膻蝇营则有之，所谓经义治事斋、忠臣孝子录懵然罔闻也。（《海瑞集》上编《教官参评》）

例（281）的“附膻逐秽”是用来描绘“干进无耻之徒”象蚂蚁聚集到腥臭的羊肉上、又像海上喜欢闻臭味的人追逐那个浑身发臭的人一样地依附于大奸臣严嵩的门下；例（282）的“逐膻蝇营”与“唱饮呼卢”为并列句，用来描述诸生既如蚁之附膻，又如苍蝇一样到处钻营。

此外，还有个别的略语“一身而兼二役”，只有在两两并合而用的前提之下才能确定这个略语属于哪一个成语。例如：釜鱼幕燕／甑尘釜鱼，这是四个而非三个成语的略语，其中的“釜鱼”在跟“幕燕”并合而用时，它是“釜底游鱼”的略语；在跟“甑尘”并合而用时，它就是“釜中生鱼”的略语了。

4.5　分成两个部分的成语之运用。

4.5.1　前后两个部分或合用或单用，而单用时两者含义各别。

例之二：画虎类犬　刻鹄类鹜

先看出处：

（283）学龙伯高不就，犹为谨敕之士，所谓刻鹄不成尚类鹜者；效杜季良而不成，陷为天下轻薄子，所谓画虎

不成反类狗也。（《东观汉记》卷十二《马援传》，并见《后汉书》卷二十四）

这是马援告诫其兄之子马严、马敦，劝他们要效法龙伯高，因为龙的为人“口无择言，谦约节俭，廉公有威”，即使学不到家，“犹为谨敕之士”；而不要效法杜季良，因为杜的为人尽管“豪侠好义，忧人之忧，乐人之乐，清浊无所失”，但是，如果学不到家，就要“陷为天下轻薄子”。显而易见，“画虎类狗”带贬义，意思是模仿、效法得不到家，反而不伦不类；“刻鹄类鹜”或略带褒义，或亦用于贬义，意思是模仿，效法得虽不到家，却相差不远。下面举几个用例加以分辨：

（284）如君懋《隋书》，虽欲祖述商、周，宪章虞、夏，观其所述，乃似《孔子家语》、临川《世说》，可谓画虎不成反类犬也。故其书受嗤当代，良有以焉。（唐·刘知几《史通》卷一《六家》）

（285）故比类虽繁，以切至为贵，若刻鹄类鹜，则无所取焉。（梁·刘勰《文心雕龙》卷八《比兴》）

（286）少年奇志，笑功名画虎，文章刻鹄。（毛幵《念奴娇·次韵寄陆务观、韩无咎》，见《全宋词》第一三六三页）

例（284）之“画虎不成反类犬”是用来批评王劭所撰之《隋书》多采迂怪委巷之言，类似《孔子家语》和《世说》，《隋书》是史书，不当用小说家言，“掇拾琐言，岂得成史”，所以说它是“画虎类犬”，固宜“受嗤当代”；例（285）之“刻鹄类鹜”，这里虽也是用于贬意，却仅是用来指描摹比类追求近似，刘勰认为这种做法是“无所取”的；例（286）是省略语，以“画虎类犬”指功名之不就，以“刻鹄类鹜”指文章之差可：均可证二语含义之不同。但是，两者并合而用其含义就不那么泾渭分明了，例如：

（287）迩来初学小生多效之，但未有得其仿佛者，正所谓画虎刻鹄之不成也。（明·陶宗仪《南村辍耕录》卷八《写山水诀》）

例之二：刻画无盐　唐突西施

先看语源：

（288）庾元规（亮）语周伯仁（顗）：“诸人皆以君方乐。”周曰：“何乐？谓乐毅邪？”庾曰：“不尔，乐令（广）耳。”周曰：“何乃刻画无盐，以唐突西子也。”（《世说新语》卷六《轻诋》；《晋书》卷六十九《周顗传》、《艺文类聚》卷二十五引《世说》“西子”均作“西施”）

“刻画无盐，唐突西施”的字面意思是：精细地描摹丑女无盐，却用之来冒犯美女西施。后用来比喻拟非其伦，例如：

（289）我是要试试庾香的眼力，所以刻画无盐，唐突西施。今果被识透，足见高明。（清·陈森《品花宝鉴》第十回）

（290）予作花月诗酒吟，效连珠回文体，中有“绿浮杯影月筛花”句，内常诵之。谓不减“乱点余花吐碧衫”，虽不免刻画唐突，然亦具见其有雅致。（清·龚炜《巢林笔谈》卷三《绿浮杯影月筛花》）

无论是原语型抑或省略语，其比喻义都是拟非其伦。可是，如果分开使用，“刻画无盐”用来比喻举动不伦不类，费力不讨好，例如：

（291）姓名曾落荐书中，刻画无盐自不工。（陈师道《别黄

徐州》，见《宋诗钞·后山诗钞》）

（292）世儒强作富贵曲，刻画无盐恐非真。（宋·张扩《东窗集》卷二《读李长吉诗》）

而"唐突西施"则用来比喻本来不能相比却强来冒犯对方，例如：

（293）令爱天姿国色……若与我这拣出乡下人相配，岂不是唐突西施？（《何典》第七回）

（294）倪氏之言，未免唐突西子，亦失知人论世之意。（清·吴骞《拜经楼诗话》卷三）

4.5.2 单用多取前一部分。 这很像是歇后语隐去后一部分的"谜底"，而只用前一部分的"谜面"，如"千夫所指，无病而死""司马昭之心，路人皆知"，都可省去后半部分而只用前半部分，后半部分所含的本意则由单用的前半部分来暗示。下面再举几个用例。

（295）塞翁何必恨失马，城火可怜殃及鱼。（宋·周密《齐东野语》卷六《杭学自昔多四方之人》）

（296）乃于署督篆任内，奏参银元局及淮北盐务，牵涉敝署，不无激射之词，论者谓为项庄舞剑，而弟固未尝稍存芥蒂也。（《刘坤一遗集·书牍》卷十三《致张香涛》）

（297）敬此候问夫人起居，兼致菲仪数十种，聊表千里鹅毛之意。（《西湖二集》卷二十七《洒雪堂巧结良缘》）

例（295）是"塞翁失马"，省去"焉知非福"，这里分开来用，中间嵌入"何必恨"，也可说成"塞翁失马何必恨"，用"何必恨"来代替"焉知非福"，是由于"塞翁失马"，本身就含有这层意思；例（296）是“项庄舞剑”，虽不用“意在沛公”，仍含蓄其中，这里即是“意在刘坤一”，故后文说“未尝稍存芥蒂”；例（297）是“千里送（寄）鹅毛”，“礼轻人意重”的本意亦含蓄在“千里鹅毛”之中。

4.5.3　单用多取后一部分。例如：

驷马难追——省去前面的“一言既出”，

回头是岸——省去前面的“苦海无边”，

立地成佛——省去前面的“放下屠刀”，

本性难移——省去前面的“山河易改”，

渔人得利——省去前面的“鹬蚌相持”，

等等，都是可以单独使用的。

4.5.4　一般不能取其一部分单用，例如：

聪明一世，糊涂一时／道高一尺，魔高一丈

高不成，低不就／既来之，则安之

金玉其外，败絮其中／兼听则明，偏听则暗

盛名之下，其实难副／桃李不言，下自成蹊

小时了了，大未必佳／食之无味，弃之可惜

星星之火，可以燎原／一波未平，一波又起

以小人之心，度君子之腹／有则改之，无则加勉

欲加之罪，何患无辞／庆父不死，鲁难未已

以子之矛，攻子之盾

等等。其所以一般不能单用，在于两个部分相互依存，互为条件，语意贯串，单说一句不足以明其意，跟能够单用前半部分和后半部分的那两类成语有着明显的差别。

4.5.5　分为前后两部分的八字成语可以缩略为四字语。

例如：

差之毫厘，谬以千里——毫厘千里

千里之堤，溃于蚁穴——堤溃蚁穴

千里之行，始于足下——千里足下

仁者见仁，智者见智——见仁见智

同声相应，同气相求——声应气求

愚者千虑，必有一得——千虑一得

等等，都是比较常见的，无烦缕析。下面举几个比较罕见的：

（298）法必本于人。转五寸之毂，引重致千里；莫御之，跬步不前。然恃目巧，师意匠，般、尔不能闭造而出合。（《魏源集·皇朝经世文编叙》）

（299）风摇草色，月照松光。春秋非我，晓夜何长！（南朝·齐·谢朓《海陵王墓志铭》，见《艺文类聚》卷四十五）

（300）湖谳山酣，酒城吟社，非我春秋，不泯风雅。（清·厉鹗《樊榭山房集·文七·祭汪舍亭文》）

（301）长沙有屈（原）、贾（谊）二公祠联云：……骚可为经，策可为史，经天行地大文章。（清·梁章钜《楹联丛话》卷四《庙祀下》）

（302）先生之作，诚可谓虎穴得子矣！（明·郎瑛《七修类稿》卷三十《诗文类·佛顶菊》）

例（298）之“闭造而出合”是“闭门造车，出门合辙”的略语，其中的“般”指公输般，一名鲁班；“尔”指王尔，都是古代有名的巧匠；例（299）（300）之“春秋非我”“非我春秋”都是“春非我春，秋非我秋”的略语；此语出《汉书》卷二十二《礼乐志·郊祀歌·第九》:"日出入安穷?时世不与人同。故春非我春,夏非我夏,秋非我秋,冬非我冬。"后来用为成语,取"春秋"而含"夏冬",这是由于春秋是一年中最好的季节,故用此语来慨叹美好的时光不为自己所有,并多用于哀悼之词;例(301)之"经天行地"是"日月经天,江河行地"的略语,语出田邑《报冯衍书》(见《后汉书》卷二十八上《冯衍传》),原作"日月经天,河海带地";例(302)之"虎穴得子"是"不入虎穴,不(焉)得虎子"的略语。此虽为略语,却与前面三个略语有所不同,即这里所省略的充当假设条件的"不入"和"不(焉)得",已不复存在,单剩下深入实际取得重大成就的意思了。

从本章所谈之成语的各类具体运用,可以窥见汉语成语的丰富多采、灵活多变之一斑。毫无疑问,成语的主要特点在于它是现成语,其结构已是定型化,但是这并不影响和限制成语的多变性。成语无论怎样千变万化,总是万变不离其宗,人们是不难于从变化型恢复其为常用型的。

四字成语多有可以省略为两字者,这些两字略语又多为一般辞书所不采录,用比较习用的一些略语来比照二字成语,也证明二字成语是不应当被忽视的。在一部专门的成语词典中对各类不同的略语能有所反应,是有必要的。

汉语成语是异常丰富的汉语词汇宝库中的一个重要组成部分。可是,直到目前,我们对它的开发和探索还是很不够的。有不少很有用的成语在辞书中不曾著录,有的虽收录,却提供不出可靠的有价值的书证;某些成语的含义比较深刻、复杂，在释义上多有表达不深不透不周不确者，需要进一步推敲探索；成语的源和流还有很多的空白，有待于我们去开拓和填补。总之，汉语成语的研究还有很多工作要做，我们必须加倍努力。